「ドル化」政策の検証

星野 智樹

［著］

文眞堂

はしがき

　本書は，中南米の発展途上国における「ドル化」政策（政策的なレベルで，自国通貨を消滅させて，米ドルを法貨として用いる措置）を検証している。

　舞台となる国は，エクアドル，エルサルバドル，パナマである。日本では十分に知られていない可能性もあるため，3国について，簡単に紹介しておこう。

　エクアドルは，日々の食卓に並ぶバナナの生産地として日本人にとってもなじみがあり，世界的には，チャールズ・ダーウィンの『種の起源』のモデルとなり豊かな自然を持つガラパゴス諸島，サッカー強豪国がひしめく南米大陸にあってワールドカップに何度も出場したナショナルチームの存在が有名である。また，日本人との関わりでいえば，エクアドルは，野口英世が黄熱病の研究を行った地である。

　エルサルバドルは，1980年代の新冷戦構造の下で，中米紛争の中心地として，米国と旧ソ連という超大国同士が対立する場となり，国際政治の分野でも大きく取り上げられるなど，世界中の注目を集めた。小国であるにもかかわらず，超大国にとって見逃せない国としての存在が浮かび上がる。

　パナマは，太平洋と大西洋，南北アメリカ大陸を結ぶ地点に位置しているため，パナマ運河の存在や国際金融センターとしての地位に象徴されるように経済・政治・軍事の要衝として世界的に有名な国の一つである。最近では，世界各国の要人の租税回避行動や資産隠しを明るみにだした「パナマ文書」問題の中心にいた法律事務所モサック・フォンセカの所在地として，パナマは改めて注目を集めている。

　エクアドル，エルサルバドル，パナマは，「ドル化」政策という極端な通貨制度を導入している国である。

　その内実を検証するのが本書の主眼である。本書では，「ドル化」政策において米ドルが法貨規定を持つなかで，決済がどのように行われるのか，通貨流通

の中心となる現金通貨，預金通貨，中央銀行預け金はいかなる性格をもつのか，市中銀行や中央銀行は消滅あるいは存続するのか，米ドルがどのように獲得されているのかを主要な論点としている。

　何を「通貨」とみなすのか，「通貨」をどこで誰がどのように発行するのかという論点は，各国・地域や各時期の金融・経済情勢を反映して様々な形で繰り返し議論の対象になってきた。また，世界経済という視点で見れば，「ドル化」政策は，いわゆる「国境を超えるモノ・カネ・ヒトの移動」が交錯するところに出現しており，世界経済の諸相や主要な構成要素が反映されている。

　そのため，本書は，「ドル化」政策研究の含意として，通貨論や世界経済論によって長年にわたり議論されてきた論点，また，（「ドル化」政策とある種の類似性を持つ）金本位制，カレンシーボード制度，欧州共通通貨ユーロ，ユーロ・ダラー市場といった国際金融の領域で議論の対象になってきた論点を検討できる可能性を示唆している。言い換えれば，「ドル化」政策の研究は，「マイナー」で極端な事例の研究にとどまらない重要性を持っている。

　本書が，中南米の「ドル化」政策の研究書として，さらに，米ドル，通貨，世界経済，米国，ラテンアメリカ，発展途上国といった各分野にご関心を持たれる読者にとっての解説書として，有益な書物となれば，幸いである。

星野智樹

＊本書は筆者の所属組織（あるいは，過去の所属組織）の公式見解を示すものではない。本書の内容と責任は全て筆者個人に属している。

目　次

はしがき …………………………………………………………………… i

序　章　本書における課題設定 ……………………………………… 1

　第1節　「ドル化」政策の概要 ………………………………………… 1
　第2節　「ドル化」政策をめぐる概念と先行研究 …………………… 4
　　　　　──どのように「ドル化」政策は捉えられてきたのか
　　1　一般的に用いられている「ドル化」の概念 …………………… 4
　　2　「ドル化」政策をめぐる先行研究の動向 ……………………… 6
　第3節　本書における課題設定 ………………………………………… 8

第1章　「ドル化」政策導入の経緯 …………………………………… 15

　第1節　問題の所在 ……………………………………………………… 15
　第2節　「ドル化」政策導入の経緯 …………………………………… 15
　　1　エクアドルにおける経緯 ………………………………………… 15
　　2　エルサルバドルにおける経緯 …………………………………… 21
　　3　パナマにおける経緯 ……………………………………………… 23
　第3節　米国側の反応 …………………………………………………… 25
　第4節　小括 ……………………………………………………………… 27

第2章　「ドル化」国における通貨概念 ……………………………… 31

　第1節　問題の所在 ……………………………………………………… 31
　第2節　「ドル化」国における決済制度 ……………………………… 32
　第3節　「ドル化」国における市中銀行の機能および預金通貨 …… 34

1　在「ドル化」国の市中銀行機能と預金通貨の基本的性格 ………… 35
　　　2　留意点 ………………………………………………………………… 42
　　　3　実証 …………………………………………………………………… 44
　　　4　小括 …………………………………………………………………… 49
　第4節　「ドル化」国における通貨概念 ……………………………………… 50
　　　1　「ドル化」国における通貨の「概念上の区分」………………………… 50
　　　2　「ドル化」国における金利 …………………………………………… 53
　　　3　小括 …………………………………………………………………… 57

第3章　「ドル化」国の中央銀行 ………………………………………… 63

　第1節　問題の所在 …………………………………………………………… 63
　第2節　「ドル化」国の中央銀行の基本的機能 ……………………………… 65
　　　1　国内の通貨流通に関する機能 ……………………………………… 65
　　　2　制約を抱えるなかでの国内資金量の調整 ………………………… 68
　　　3　「政府の銀行」……………………………………………………………… 70
　　　4　外貨準備の管理・運用主体 ………………………………………… 71
　　　5　小括 …………………………………………………………………… 73
　第3節　個別国における独自機能 …………………………………………… 73
　　　1　エクアドル中央銀行の独自機能 …………………………………… 73
　　　2　エルサルバドル中央準備銀行の独自機能 ………………………… 81
　　　3　小括 …………………………………………………………………… 83
　第4節　「ドル化」国の中央銀行の限界 ……………………………………… 83
　第5節　小括 …………………………………………………………………… 85

第4章　「ドル化」国の対外経済関係 …………………………………… 91
　　　　　──国際収支分析を通じた米ドル流出入の検討を中心に

　第1節　問題の所在 …………………………………………………………… 91
　第2節　「ドル化」国における国際収支の「見方」…………………………… 93
　第3節　エクアドルの対外経済関係 ………………………………………… 95

	1 貿易	97
	2 移民送金	100
	3 資本取引と所得収支	104
	4 小括	107
第4節	エルサルバドルの対外経済関係	107
	1 貿易	109
	2 移民送金	111
	3 資本取引と第一次所得収支	117
	4 小括	119
コラム	移民送金をめぐる諸論点	115
第5節	パナマの対外経済関係	119
	1 貿易	121
	2 サービス取引	124
	3 資本取引と第一次所得収支	125
	4 小括	130
第6節	小括	131

終　章　「ドル化」国における通貨制度の実態 …… 139

第1節　「ドル化」国における通貨制度の実態の総括 …… 139
　　1　「ドル化」国における通貨概念 …… 139
　　2　「ドル化」国の対外経済関係 …… 142
　　3　結び …… 142
第2節　「ドル化」国出現における米ドルや米国の役割 …… 143
第3節　政策論としての「ドル化」政策 …… 146

補　論　「ドル化」政策と対比しうる事例 …… 153
　　　　──金本位制およびカレンシーボード制度，欧州共通通貨
　　　　　ユーロ，ユーロ・ダラー市場

1　金本位制およびカレンシーボード制度との対比の可能性 ……… 153
　　2　欧州共通通貨ユーロとの対比の可能性 ……………………… 156
　　3　ユーロ・ダラー市場との対比の可能性 ……………………… 160
　　4　結び ……………………………………………………… 162

参考文献一覧 …………………………………………………………… 165
初出一覧 ………………………………………………………………… 178

あとがき ………………………………………………………………… 181
本書を理解する助けになる用語一覧 ………………………………… 184

序　章

本書における課題設定

第 1 節　「ドル化」政策の概要

　非米諸国（米国以外の国・地域）のなかには，自国通貨を政策的に消滅させて，米ドルに法貨規定を与えて完全に置き換える「ドル化」政策を導入している諸国がある。詳しくは，「ドル化」政策は，「米ドルへの法貨規定の付与と米ドル建て取引への移行」，「自国通貨の現金の新規発行停止・消滅および米ドル現金への転換」，「中央銀行による新規信用供与（外貨準備を上回る通貨性負債の創出）の原則停止」としての側面を持つ。このことは，「ドル化」政策を導入した国における「ドル化」政策に関する法律や通貨当局の内規に明記されており，また，「ドル化」政策を成立させるための基礎条件となる。本書では，「ドル化」政策の導入国を「ドル化」国，また，先進国をはじめとする自国通貨を保持している国を「自国通貨保持国」と表記する。

　「ドル化」政策は，突飛に見えるかもしれないが，発展途上国において，脆弱な自国通貨に代わって米ドルを使用する経済安定化策として議論されている。「ドル化」国の事例としては，中南米の国，具体的には，1904年に導入して現在にいたるパナマ，2000年に導入したエクアドル，2001年に導入したエルサルバドルがある（基本情報は図表序-1から序-3を参照されたい）。エクアドル，エルサルバドル，パナマの「ドル化」政策が本書における検討対象である。

　エクアドル，エルサルバドル，パナマは，「ドル化」政策の導入において，米国から特別な支援を受けているわけではないこと，また，米国の中央銀行制度（連邦準備制度）や決済制度と統合するわけではないことから，米ドルの発行権

2　序章　本書における課題設定

図表序-1　エクアドルの基本情報

首都	キト（地図上の○印）
人口	約1,542万人（2013年）
言語	スペイン語
面積	約25.6万km²（日本の本州と九州を合わせた面積に相当）
GDP	約1,023億ドル（2014年の名目値）
主要産業	鉱工業（原油），農業（バナナ，カカオ，コーヒー），水産業（エビ）

出所）日本外務省ウェブサイト「エクアドル共和国」紹介ページより筆者作成。なお，人口の原データはエクアドル国家統計調査局，GDP（国内総生産）の原データは世界銀行。

図表序-2　エルサルバドルの基本情報

首都	サンサルバドル（地図上の○印）
人口	約613万人（2015年）
言語	スペイン語
面積	約2.1万km²（日本の九州の半分程度の面積）
GDP	約268億ドル（2016年の名目値）
主要産業	軽工業（輸出向け繊維縫製産業），農業（コーヒー，砂糖等）

出所）日本外務省ウェブサイト「エルサルバドル共和国」紹介ページより筆者作成。なお，人口の原データは世界銀行，GDPの原データはエルサルバドル中央準備銀行。

限を手にするわけではない。そのため，エクアドル，エルサルバドル，パナマにおいて，米ドルは，法貨規定を持っていても，外貨として扱われることになる。

　その一方で，いずれのケースにも，独自現金通貨がわずかに存在している。長く「ドル化」国としての地位にあるパナマでは，従来から独自通貨の補助鋳貨バルボア（Balboa）が発行されてきた。また，エクアドルでは，「ドル化」政策導入前（「自国通貨保持国」であった時）に自国通貨スクレ（Sucre）が発行されており，「ドル化」政策導入後にも，（特定期間には）米ドルと交換されること

図表序-3 パナマの基本情報

首都	パナマシティー（地図上の○印）
人口	約393万人（2015年）
言語	スペイン語
面積	約7.6万km²（日本の北海道よりやや小さい面積）
GDP	約521億ドル（2015年の名目値）
主要産業	第3次産業（運河，金融，商業等）がGDPの約8割を占める

出所）日本外務省ウェブサイト「パナマ共和国」紹介ページより筆者作成。なお，人口とGDPの原データは世界銀行。

なく流通しているスクレ現金が存在するとともに，外貨準備による裏付けを条件に補助鋳貨センターボ（Centavo）が発行されている。エルサルバドルでは，「ドル化」政策導入前（「自国通貨保持国」であった時）に自国通貨コロン（Colon）が発行されており，「ドル化」政策導入後に，コロン現金の新規発行は一切停止されているが，米ドルと交換されていないコロン現金がわずかに存在している。パナマにおけるバルボア現金，エクアドルにおけるスクレ現金およびセンターボ現金，エルサルバドルにおけるコロン現金は，米ドルではなく，各国の独自現金通貨として扱われる[1]）。

　IMF（国際通貨基金）の2016年版の『年次報告』や日本外務省ウェブサイトの「各国・地域情勢」によれば，本書の想定する「ドル化」国と同様の地位にある事例としては，2016年時点で，エクアドル，エルサルバドル，パナマ以外にも，マーシャル諸島共和国，ミクロネシア連邦，東ティモール，パラオ共和国，ジンバブエ（これらの国は米ドルを法貨として使用。ただし，ジンバブエは米ドルを含む複数の通貨を法貨として使用），モンテネグロ，サンマリノ，コソボ（これらの国は欧州共通通貨ユーロを法貨として使用），キリバス，ツバル，ナウル（これらの国はオーストラリアドルを法貨として使用）がある。

　従来，「ドル化」国やそれに相当する事例の特徴は，①通貨発行国との政治的関係が強い点，②経済規模や国土が非常に小さい点にあった。それに対して，エクアドル，エルサルバドル，パナマは，従来の事例とは異なる特徴を持って

いる。①パナマは米国によって長らく管理されていたパナマ運河をめぐる米国との政治的関係が「ドル化」政策導入・継続の強い要因になってきたが，エクアドルとエルサルバドルは米国との政治的関係が特段に強くないうえに，とくにエクアドルは2007年から2017年初頭まで政権の座にあったラファエル・コレア大統領の下で反米化の動きが色濃く出ている。②エクアドル，エルサルバドル，パナマは，経済規模や国土が大きく，（多くの問題を抱えているとはいえ）銀行システムがある程度まで発展している。

第2節以降では，「ドル化」政策をめぐる概念と先行研究を整理・検討し，「ドル化」政策をめぐる既存の議論の持つ問題を確認したうえで，本書での課題設定を提示する。

第2節　「ドル化」政策をめぐる概念と先行研究
――どのように「ドル化」政策は捉えられてきたのか

第2節では，「ドル化」政策に対する既存の捉え方について，「ドル化」政策をめぐる概念と先行研究を整理し，これらの持つ意義と問題点を確認する。

1　一般的に用いられている「ドル化」の概念

第1項では，一般的に用いられている「ドル化」の概念[2]について整理しておこう。この作業は，一見すると教科書的な説明の展開になるが，「ドル化」の概念自体が先行研究における「ドル化」の捉え方と関わっているために，「ドル化」研究のなかに位置づけながら本書の検討課題を明らかにすることにつながる。

一般的に，「ドル化」は，非米諸国において一定量の米ドルが流通している状況を指す[3]。そして，非米諸国において米ドルが流通している状況は，米ドル発行国である米国から当該国が「認証」を受けているのか否か，米ドルが法貨規定を持っているのか否か，米ドルがどの程度まで流通しているのかに着目して分類される（図表序-4）。

最も大きな分類では，非米諸国において米ドルが，米国から「認証」を受けて

図表序-4　一般的に用いられている「ドル化」の概念

正式のドル化	「ドル化」政策	完全なドル化
		部分的なドル化
一方的なドル化	「ドル化」政策	完全なドル化
		部分的なドル化
	事実上（非公式）のドル化	完全なドル化
		部分的なドル化

出所）本文の記述をもとに筆者作成。

流通する「正式のドル化（Formal Dollarization）」と，米国から「認証」を受けずに流通する「一方的なドル化（Unilateral Dollarization）」の区別がある。「正式のドル化」における米国から受ける「認証」の具体的な内容（米国からの許可や，何らかの形での協力や支援）はケースによって異なるため，「正式のドル化」は，バリエーションがあり，当該国が米国から「認証」を受けていたとしても「一方的なドル化」に近い状況になることもありえる。

次の分類は，「ドル化」政策（Policy Dollarization もしくは Official Dollarization）と，「事実上（非公式）のドル化（De Facto Dollarization もしくは Unofficial Dollarization）」の区別である。「ドル化」政策は，非米諸国が米ドルに法貨規定を与える措置である。それに対して，「事実上のドル化」は，多くの発展途上国で見られるように，非米諸国において米ドルが法貨規定を持っていないなかで流通している状況を指す。

最後の分類は，「完全なドル化（Full Dollarization）」と，「部分的なドル化（Partial Dollarization）」の区別である。「完全なドル化」は，非米諸国において自国通貨の全てが米ドルに置き換わる状況を指す。それに対して，「部分的なドル化」は，非米諸国において自国通貨と並行して米ドルが流通する状況を指す。

このように，一般的に用いられている「ドル化」の概念を分類できる。筆者自身も，一般的に用いられている「ドル化」の概念そのものに対して異論はなく，ほぼ肯定的に捉えている。

そこで，一般的に用いられている概念に基づいて，本書で取り上げるエクアドル，エルサルバドル，パナマにおける「ドル化」の状況について整理しておこう。まず，エクアドルとエルサルバドルは，米国から「認証」を受けずに，米ド

ルに自国通貨を置き換えると同時に法貨規定を与えたため,「一方的」かつ「完全」な「ドル化」政策に該当する。ここでいう「米国の認証を受けていない」状況は,非米諸国における「ドル化」政策に対して米国が「黙認する中立的な」スタンスを持っている状況を指す[4]。また,パナマは,1904年に米国と結んだ「通貨協定」を法的根拠にして「ドル化」政策を導入していることから,一応は米国の「認証」を受けた「正式」かつ「完全」な「ドル化」政策に該当する。ただし,パナマは,「ドル化」政策に対する支援を米国から受けているわけではなく,米ドルの発行権限を保持しているわけでもない。そのため,パナマの「ドル化」は,実質的には「一方的なドル化」に近い。

こうして,一般的に用いられている「ドル化」の概念に基づけば,エクアドル,エルサルバドル,パナマのケースを,いずれも「一方的」かつ「完全」な「ドル化」政策として扱うことができる[5]。本書では,3国の「ドル化」の状況を,第1節の冒頭で見たように「ドル化」政策と呼ぶことにする。

2 「ドル化」政策をめぐる先行研究の動向

1990年代末にアルゼンチンが「ドル化」政策の導入を検討したことを受けて,米ドル発行国である米国国内では,米国議会での公聴会 (U.S. Senate [1999a, 1999b]) の開催や「ドル化」政策を取り上げた文献 (Salvatore, Dean, and Willett eds. [2003]) の出版など,「ドル化」政策をめぐる議論が盛り上がりを見せた。それ以来,国際マクロ経済学,国際金融論,国際政治経済学といった学問分野をまたがって研究が行われてきたため,研究が蓄積され,発展途上国の通貨政策に関する議論のなかで「ドル化」政策をめぐる研究領域が形成されている。

そこで,第2項では,「ドル化」政策をめぐる先行研究を整理する[6]。先行研究は大きく3つに類型化できる。

「ドル化」政策をめぐる第1の先行研究は,多くの論者によって(暗黙のうちに想定されている)「国際金融のトリレンマ」論 (Trilemma of International Finance または Impossible Trinity) と「最適通貨圏」論 (Theory of Optimum Currency Areas) に基づいて展開される。

まず,「国際金融のトリレンマ」論[7]は,通貨政策において「金融政策の自律性」「為替相場の安定」「自由な資本移動」の3つを同時に達成できず,このうちの2つを選択すれば1つを犠牲にしなければならないとする議論である。この視点からすると,「ドル化」政策は,「金融政策の自律性」のメリットを放棄して,「為替相場の安定」と「自由な資本移動」のメリットを選択する通貨制度となる。

また,「最適通貨圏」論[8]に依拠した議論である。共通通貨の導入にともない,各国の自国通貨が消滅すれば,金融政策は共通化,為替相場は導入国間では消滅し対外的には単一化するため,当該国は金融政策・為替政策を政策手段として用いられなくなる。「最適通貨圏」論は,それに見合うメリットがあるのか否か,それに対応する条件が存在しているのか否かに着目して,共通通貨導入の是非を検討する議論である。この視点を援用した「ドル化」政策の検討が先行研究において多くなされている。

「国際金融のトリレンマ」論に(暗黙のうちに)依拠する形で,「ドル化」政策をめぐる第2の先行研究が展開される。そこでは,新興国・発展途上国の通貨制度として,完全な変動相場制か厳格な固定相場制しか選択肢になりえないとする「二極の解」論(Two Corner SolutionsまたはBipolar View),変動相場制と固定相場制の両方のデメリットを抑制しながらメリットを少しずつ享受することも選択可能だとする「中間的な為替制度」論(Intermediate Option)が議論[9]の対立軸になっている。そして,このような「二極の解」論と「中間的な為替制度」論をめぐる議論のなかで,「ドル化」政策の是非が検討されることになる。

「ドル化」政策をめぐる第3の先行研究として,今まで見てきた議論をベースに,経済面だけでなく政治面も踏まえて,①発展途上国が通貨危機を回避しながら経済成長を実現するための通貨制度のあり方について,賛成論と反対論,メリットとデメリット,導入の条件,政策効果,選択肢,②通貨制度の選択に影響を及ぼす要因,③通貨主権に及ぼす影響を中心的な論点とする議論が展開されている[10]。

以上のように,「ドル化」政策をめぐる先行研究を整理できる。しかしながら,一般的に用いられている「ドル化」政策をめぐる概念や先行研究だけでは,「ドル化」国における通貨制度の実態が十分に検証されていないこと,とくに,

「ドル化」国で流通する全ての通貨を米ドルとみなしうるのかが把握されていないこと，非米諸国において米ドルが「流通」するとはいかなる事態なのかが不明確であること，国内決済および対外決済を踏まえた言及が極めて希薄であることが，大きな問題として残る。次節では，この点も踏まえた本書の課題設定を見ることにしよう。

第3節　本書における課題設定

　本書では，エクアドル，エルサルバドル，パナマを具体的な研究対象として，「ドル化」国における通貨制度の実態を検証する。「ドル化」国における通貨制度の実態を検証するために，決済のあり方を出発点として，①「ドル化」国の中央銀行預け金，現金通貨，預金通貨，②通貨に関わる中心的な主体である市中銀行，中央銀行，③米ドルの獲得基盤と密接に関連する対外経済関係といった論点，すなわち，金融論および国際金融論における基本的な論点を中心に検討していく。なお，本書では，こうした基本的な論点の検討を優先しており，そのために各章によって対象とする時期に（微妙な）ズレがあるが，各局面や時期ごとの動向にも目配りしている。
　本書は，「ドル化」政策の実態を，通貨制度という切り口に基づいて，総合的に検証した研究として位置づけることができる[11]。このことは，「ドル化」政策が通貨制度に関する政策であり，それにもかかわらず先行研究が焦点を十分に当ててこなかった状況を踏まえれば，「ドル化」政策の研究領域における本書の独自性となる。
　こうした独自性を持つ本書からは，さらに関連する論点が示唆される。
　第1に，本書で取り上げる「ドル化」政策は，「ドル化」のなかでも極端な事例であるが，極端であるからこそ，考えるうえでの参照事例となる。まず，「ドル化」政策には，通貨論や世界経済論における重要な論点そして含意が，過去の歴史にも見られた諸点を現代に復活させながら，特異かつシンプルな形であらわれる。この論点は，第1章から第4章の末尾で論述している。また，「事実上のドル化」が進展している発展途上国が多く存在することを踏まえると，非

米諸国において，米ドルが「流通」するとはいかなる事態なのか，また，米ドルはいかなる役割を持っているのかといった論点への示唆も生まれる。

第2に，読者は，「ドル化」という言葉から，また，本書を読み進めていくなかで，「ドル化」政策と似た事例として，金本位制およびカレンシーボード制度，欧州共通通貨ユーロ，ロンドンを中心とするユーロ・ダラー市場を思い浮かべるかもしれない。こうした事例については，本書の課題を解明し終えたあとで，補論を設定して検討する。ここでも，本論と同じく，通貨制度の実態に基づいて対比する視角を打ち出しており，本書の独自性があらわれる。

次に，本書の検討方法について，ふれておきたい。

第1に，本書における各種資料の活用方法についてである。本書においては，①「ドル化」国における各種の統計データ，とくに，通貨統計や金利統計，金融機関のバランスシート，国際収支統計，マクロ経済データ，②「ドル化」国の現地情報，とくに，調査報告書，関係当事者による公表資料，通貨当局者の証言，関係機関へのヒアリング情報，③「ドル化」国に関する文献，こうした3種類の資料を活用し（場合によっては批判的に取り上げ）て，検討を行う。

そこでは，2点の留意点がある。1つ目に，各種の資料を，単なる事実関係や量的規模の把握のためだけでなく，「ドル化」国の状況に対応させた「読み方」に基づいて，検討していく。2つ目に，分析の基礎となる統計データについてである。「ドル化」国では，発展途上国ということもあり統計データの作成や公表が十分に行われていないものとイメージされるが，一定程度の統計が入手可能であり，各種の統計を整合的に組み合わせることで検討の基礎資料とした。

こうした諸点を踏まえながら，（断片的に存在する）各種資料を筆者の問題意識に沿って立体的に活用することで，総合的に検討していく。

第2に，本書における論点の立て方についてである。本書は，上述したように金融論および国際金融論における基本的な論点に基づいている。それに加えて，本書における論点を取り上げた具体的な文献は多くはないが，「ドル化」政策をめぐる筆者の研究を，学会や研究会での報告，論文や研究ノートの刊行を通じて，発表するたびに，多くの議論が巻き起こった。ここからは，「ドル化」政策をめぐって潜在的な論争が生じており，さらには，「ドル化」政策の内実を検証した本書は長く金融論および国際金融論において焦点になってきた諸論点

を再検討する可能性を秘めていることが示唆される。そのため，一般的に持たれるであろうイメージを想定して回答を出すことや，筆者の研究に対して出されたコメントに応えることも，本書における論点を考える際に念頭においている。

　こうした課題設定と検討方法に基づいて，本書は次のように構成される。

　第1章では，本書における課題の本格的な検討に入る前に，「ドル化」政策の導入をめぐる事情について取り上げる。まず，エクアドル，エルサルバドル，パナマが一見すると突飛に見える「ドル化」政策を導入・継続した経緯，自国通貨に対して通貨当局者が持っている認識，当該国におけるマクロ経済パフォーマンスを確認する。また，関連する論点として，米ドル発行国である米国が非米諸国による「ドル化」政策に対して持っているスタンスについて，米国通貨当局者の議会証言を手がかりに探り，米国が「黙認する中立的な」スタンスを持っていることを示す。

　第2章から第4章では，本書の課題，すなわち，「ドル化」国における通貨制度の実態について本格的な検証を行う。内容としては，大きく，「ドル化」国内の通貨制度を中心に取り上げる第2章と第3章，対外的な米ドル流出入に密接に関連する対外経済関係を取り上げる第4章にわけることができる。

　第2章では，「ドル化」国における通貨制度の実態を考える基本的な軸を設定するために，「ドル化」国における通貨概念を提示する。まず，通貨の流通範囲に密接に関連する「ドル化」国の国内決済および対外決済のあり方を検討する。次に，預金通貨がどこまで流通しうるのかという観点で決済のあり方と関連させながら，「ドル化」国における市中銀行による預金通貨の創造，そして，預金通貨の存在形態について検討する。この論点は，市中銀行の基本的かつ重要な機能の一つとして預金通貨の創造があること，そして，米ドルが国際通貨として世界各国の対外取引で用いられていることを反映している。

　第2章の最後では，こうした諸点を踏まえて，「ドル化」国において，全ての国内取引が米ドル建てで行われるなかで，使用される全ての通貨を米ドルとみなすことができるのか否かに焦点を当てながら，「ドル化」国における通貨概念として通貨の「概念上の区分」，そして，それに基づいて把握される「ドル化」国における金利の性格を提示する。ここで提示する通貨の「概念上の区分」が，

「ドル化」国における通貨制度の実態を見る際の核心となる。

　第3章では，「ドル化」国の中央銀行について検討する。先行研究や一般的なイメージでは，「ドル化」政策導入後に中央銀行が「消滅」すると考えられている。しかしながら，現実には，「ドル化」国において独自の中央銀行が存在している。この事実に着目して，中央銀行の行う活動が反映され機能を検討する手がかりを多く含んでいるバランスシートを中心に，「ドル化」国における通貨概念を踏まえて，「ドル化」国の中央銀行の機能を検討する。「ドル化」国の中央銀行は，新規の信用供与（外貨準備を上回る通貨性負債の創出）を停止することから大きな限界を抱えるようになる。その一方で，「ドル化」国の中央銀行は，国内通貨流通の中核ともいえる銀行間決済の担い手や，政府の経済運営に直結する政府預金を管理する「政府の銀行」としての機能を保持している。ここでは，「ドル化」国の中央銀行が，①新規の信用供与（外貨準備を上回る通貨性負債の創出）を停止する以外は「自国通貨保持国」の中央銀行と同じになるわけではなく，新規の信用供与（外貨準備を上回る通貨性負債の創出）を停止することによって直面する問題，②「ドル化」政策のなかでも重要な役割を持ち「工夫」も行っていること，③「火種」となる行動もしていること，これらに留意する。

　いったんは第2章と第3章までで「ドル化」国の通貨流通やそれに関わる主体についての検討が完了し，「ドル化」国における通貨制度の実態を見ることができる。しかしながら，「ドル化」国において，国内通貨流通の確保や枯渇・激変防止のために，また，国内決済システムを維持するために，継続的な米ドル獲得が「ドル化」政策の導入・継続の前提条件として重要な意味を持つ。

　そこで，第4章では，対外的な米ドル流出入と密接に関連する「ドル化」国の対外経済関係について，対外経済取引そして資金流出入の動向を網羅している唯一の統計である国際収支を中心に検討する。具体的には，国際収支の分析方法について整理したうえで，エクアドル，エルサルバドル，パナマの対外経済関係の分析を行い，米ドルの獲得について，共通して決定的な基盤が存在する一方で，3国を比較するだけでも多様性が存在することを示す。

　終章では，「ドル化」国における通貨制度の実態について総括を行う。

　補論では，金本位制およびカレンシーボード制度，欧州共通通貨ユーロ，

ユーロ・ダラー市場といった一面では「ドル化」に類似した事例を取り上げ，対比を行う際に有効な視角を検討する。

以上のような課題設定，検討方法，構成に沿って，本書では，「ドル化」政策について，金融論および国際金融論における基本的な論点を中心にして，通貨制度の実態という視角に基づいて検証を行う。そして，あわせて，発展途上国が，様々な論点や含意を含みながら，通貨問題に向き合っている姿も示すことにしたい。

[注]
1) 通貨名の由来を整理すれば，エクアドル通貨スクレの名称は欧州からの南米地域独立に貢献した英雄アントニオ・ホセ・デ・スクレ将軍，エルサルバドル通貨コロンの名称は北米大陸を「発見」したクリストファー・コロンブス，パナマのバルボア補助鋳貨の名称はパナマ地域の探検を通じて太平洋を「発見」したバスコ・ヌーニェス・デ・バルボアにそれぞれ由来している。
　　通貨名の由来を整理する際には，新木[2001](69頁)，エルサルバドル中央準備銀行ウェブサイト，国本・小林・小澤[2004](212頁，234-235頁)を参照した。
2) ここで取り上げる概念は，本邦研究者によって作成された国際金融論のテキストである根本[2003](100-102頁)，「ドル化」政策をめぐる議論を紹介した畑瀬[2001](4-6頁)，ビヤンバ[2005](2-3頁)，「ドル化」国の現地勤務の経験に基づいて研究を行っている林・木下[2014](38-41頁)，米国議会から出された「ドル化」政策の解説書であるSchuler[2000]といった各種の文献で見られ，定着した概念といえる。
3) 「ドル化」の概念は，かなり広い意味では米ドルの覇権や権力，それと関連した米国の行動を含むこともあるが，本文で見た概念が定着した概念となっている。
4) 詳しくは，第1章第3節，および，終章第2節を参照されたい。
5) 「ドル化」に相当する事態が，欧州共通通貨ユーロで生じる「ユーロ化」のケースもある。一般的に用いられている「ドル化」の概念に沿って，「ユーロ化」について見ておこう。
　　正式な手続きを経たユーロの導入は，「正式」かつ「完全」な「ユーロ化」政策(「正式なユーロの導入」)に相当する。まず，ユーロ導入国は，EU(欧州連合)の「認証」を受けて導入する。また，ユーロ導入国では，ユーロに法貨規定が付与され，ユーロ導入前に流通していた自国通貨が消滅してユーロに置き換えられる。これが，一般的に言われている欧州共通通貨ユーロの導入となる。
　　その一方で，一般的に言われているユーロの導入，すなわち，正式な手続きを経て行われるユーロの導入とは区別される「一方的なユーロ化」政策も存在する。「一方的なユーロ化」政策は，当該国が，EUの「認証」を受けることなく「一方的」にユーロを法貨として用いる措置である点，そして，ユーロの発行権限を手にするわけではない点に注意されたい。こうした「一方的なユーロ化」政策は，「ドル化」政策に相当することになる。
　　しかしながら，この概念では，通貨制度の内実が分からないうえに，(常識的には両者は「別物」であることは分かるが)「正式なユーロの導入」と，「一方的なユーロ化」政策あるいは「ドル化」政策があたかも「同一物」になってしまう可能性がある。この問題は，補論で改めて論点として取り上げる。
6) 序章では「ドル化」政策全般をめぐる先行研究を取り上げ，本書における各章の課題設定に密接に関連する先行研究やその問題点については，それらの課題を検討する章で詳しく取り上げる。な

お、「ドル化」政策の議論に関する本邦研究者によるサーベイとしては、畑瀬［2001］、毛利［2001］（166-171頁）、松井［2009b, 2009c］が優れている。また、現地の全般的な紹介について、エクアドルは新木編［2006, 2012］、エルサルバドルは細野・田中編［2010］、パナマは国本・小林・小澤［2004］、最近のラテンアメリカ地域全体の動きは後藤・山崎編［2017］をそれぞれ参照されたい。

7）「国際金融のトリレンマ」論は、マンデル・フレミング・モデルを簡易化して示したものであり、その議論の原形を筆者なりにたどっていくと、ジョン・メイナード・ケインズの『雇用・利子および貨幣の一般理論』における経済が完全雇用を実現できない要因の分析とそうした状況に対する政策論の提案、ジョン・ヒックスによるケインズ理論の持つ政策含意のモデル化、マンデル・フレミング・モデルによる開放体系における金融・財政政策の有効性の検討といった形で、関連しつつも論点を少しずつ変えながら展開されてきた。

8）「最適通貨圏」論は、ロバート・マンデル、そして、ピーター・ケネン、ロナルド・マッキノン（Mundell［1961］, Kenen［1969］, McKinnon［1963］）の問題提起を嚆矢として、共通通貨の導入をめぐる議論として展開されてきた。

発展途上国の文脈で「最適通貨圏」論を取り上げた重要な文献としては、国際労働力移動や移民送金を含めた枠組みを検討した松井［2009b］（49-50頁、53-56頁）や松井［2011a］、各種の議論を詳細にサーベイしたうえで発展途上国への適用方法を検討した木村［2011, 2015, 2016］がある。松井氏の研究は、「ドル化」政策研究のなかで重要であるため、本書でも随時取り上げている。木村［2011, 2015, 2016］は、従来の研究では焦点が当たらなかった発展途上国における通貨統合を議論の対象にするべきとしたうえで、自身が「最適通貨圏」論の適用方法をめぐる問題や中東湾岸諸国における通貨統合の具体的な事例を長く研究してきた経験を活かして、「最適通貨圏」論について、単線的な形ではなく経済の構造や発展段階の相違に基づいて適用するべきだと主張し、経常収支と産業構造を指標として適用の可否を検討している。

9）原形となる議論については、「二極の解」論は議論の嚆矢となったEichengreen［1994］、「中間的な為替制度」論はWilliamson［2000a］、それに基づいた「ドル化」政策論はWilliamson［2000b］を参照されたい。

Williamson［2000a, 2000b］の翻訳は、他の重要な論文も含めた翻訳集である小野塚訳［2005］に収録されている。小野塚訳［2005］は、「中間的な為替制度」論が日本に十分に紹介されていない状況への対応や、「二極の解」論との対置を意識して、議論のバランスをとって論争を深めるために、刊行された経緯がある。

「二極の解」論と「中間的な為替制度」論は、のちの論者によって（単純な形で）定式化されてしまっているが、原形となる議論では、歴史や現実まで踏み込んで展開されており、政治経済状況に対する現実的な判断と理念的な考えが交錯した興味深い議論となっている。

なお、「二極の解」論における完全な変動相場制を支持する議論に対して、事実認識に基づいた批判も存在する。具体的には、Calvo and Reinhart［2000］は、新興国・発展途上国が為替相場の変動にともなう攪乱への懸念を持っているために相場変動を抑制するための政策や措置を講じていることに着目して、「フロートの恐怖」論（Fear of Floating）を展開している。

10）ここでは、国際マクロ経済学や国際金融論、国際政治経済学における有力な論者を中心に「ドル化」政策をめぐる議論を集めた文献であるSalvatore, Dean, and Willett eds.［2003］、また、国際政治経済学の立場から議論を展開したCohen［1998］（邦訳第3章）、Cohen［2004］（Chap.5）、Frieden, Leblang, and Valev［2010］、Helleiner［2003a, 2006, 2007］、Sun［2002］、国際労働力移動や移民送金からアプローチしたSinger［2010］を中心に整理した。

11）「ドル化」政策については、松井謙一郎氏による総合的な研究がすでに存在する。そこでは、米国への国際労働力移動とそれに付随する在米ヒスパニックの経済活動に着目して米国と中南米地域の経済関係の実態、また、国内政治に焦点を当てた分析視角が提示されている。その中心的な議論

は，分析視角がまとまって整理されている松井［2009b, 2011a, 2016］を参照されたい。

　その一方で，「ドル化」政策の分析において，本書は，松井氏の課題設定に含まれておらず議論の対象にされていなかった通貨制度に焦点を当てて議論している点に特徴がある。

第 1 章

「ドル化」政策導入の経緯

第 1 節　問題の所在

　第 1 章では，エクアドル，エルサルバドル，パナマにおける「ドル化」政策導入の経緯，そして，それに関連する論点として，米ドル発行国である米国が非米諸国による「ドル化」政策導入に対してどのような反応をしているのかを確認する。本章での作業は，事実関係の確認，そして，当該国のおかれた事情を浮き彫りにすることにつながる。

第 2 節　「ドル化」政策導入の経緯

　第 2 節では，エクアドル，エルサルバドル，パナマにおける「ドル化」政策導入の経緯を確認する。

1　エクアドルにおける経緯

　エクアドルは，2000 年 4 月に「経済改革基本法」を根拠法として「ドル化」政策を導入した。現在では，2014 年に制定された「通貨金融基本法」が法的根拠になっている。第 1 項では，エクアドルにおける「ドル化」政策導入の経緯について確認する。

　最初に，政治経済的な背景を 2 つにわけて見ておこう[1]。

第1の背景は，1990年代末に生じた経済危機への対処である。エクアドルは，歴史的に，①首都キト（山岳部）と経済都市グアヤキル（海岸部）の地域対立と，それによる行政府の弱体化という政治的脆弱性，②自然災害が発生しやすい地理的脆弱性，③バナナや原油といった価格変動の激しい一次産品輸出への依存，不安定な銀行システム，非効率な公共セクターの存在，財政赤字や政府債務といった経済的脆弱性を抱えていた。

　1998年から1999年にかけての時期において，エクアドルでは，海岸部に大打撃を与えたエルニーニョ現象と火山の噴火，エクアドルの主要輸出品の原油価格下落，1998年のロシア通貨危機やブラジル通貨危機の伝染といった悪い事態が次々に生じた。こうした事態は，エクアドルが歴史的に抱えていた政治的・地理的・経済的脆弱性を顕在化させるなかで，資本逃避，為替相場の暴落，高インフレを発生させ，1990年代末に経済危機を引き起こすことになった。このなかで，多くの市中銀行が預金流出に直面したために，エクアドル中央銀行による大規模な資金供給や，政策的な「預金封鎖」が行われた。そして，当時政権の座にあったジャミル・マワ大統領の支持率が経済危機によって大きく低下したために政治危機も発生し，事態は経済危機と政治危機が悪循環するところまで発展した。エクアドルは，こうした危機的状況に直面するなかで，いわば無価値になった自国通貨スクレの代わりに米ドルを用いることで経済危機に対処するために，「ドル化」政策を導入することになった。

　第2の背景は，エクアドルに長く存在していた政治対立への対処である。歴史的に，エクアドルでは，政治の中枢である首都キトを擁してカトリック教会や大地主などを支配層とする山岳部と，ビジネス拠点であり経済都市として発展してきたグアヤキルを中心とする海岸部の間で，政治対立が存在していた。こうした対立関係が，頻繁な政権交代に象徴されるエクアドルの政治的脆弱性の要因となっていた。海岸部に所在するビジネス界は，政治対立に対処して信認を高めるために，恣意的かつ乱用的な金融・財政政策運営の防止策を求めた。それを反映して，エクアドルでは「ドル化」政策が導入されることになった。

　次に，エクアドルの直面していた通貨事情を，『エクアドル中央銀行のドル化に関する発表』[2]（以下，『ドル化に関する発表』）をもとに整理しておこう。

第2節 「ドル化」政策導入の経緯　17

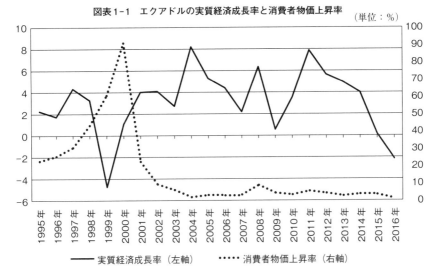

図表1-1　エクアドルの実質経済成長率と消費者物価上昇率
(単位：％)

　　　― 実質経済成長率（左軸）　　……消費者物価上昇率（右軸）

注）2015年以降の実質経済成長率，2016年の消費者物価上昇率はIMFの予測値。
出所）IMF資料より筆者作成。

　『ドル化に関する発表』には，エクアドルの通貨当局者の認識として，①高インフレと為替相場暴落が生じていたエクアドルの経済状況のなかで，「ドル化」政策による（政策への規律づけを通じた）インフレの抑制と為替相場暴落の防止が期待されていたこと，②エクアドルは自国通貨スクレを保持するよりも米ドルを使うことのメリットが大きいこと，③「事実上のドル化」が進展するなかでは「ドル化」政策以外の選択肢が限定的になっていたことが示されている。ここには，エクアドルを悩ませていた通貨事情の厳しさが鮮明にあらわれている。
　この点を踏まえて，2000年の「ドル化」政策導入前後のマクロ経済パフォーマンス[3]を確認しておこう（図表1-1）。1990年代末から2000年代初頭は，経済危機に見舞われたためにインフレ率（消費者物価上昇率）が90％，実質経済成長率がマイナス4％と非常に厳しい経済状況にあった。しかしながら，「ドル化」政策導入後の時期に，インフレ率は低位で安定しており，また，実質経済成長率は世界同時不況となった2009年に落ち込んだことを例外として変動を

ともないながら一定程度の成長を示している。なお，2016年の実質経済成長率について，IMFはマイナス成長の予測を示しており，今後も経済成長を持続できるのかは注意をしておく必要がある。

最近では，財政収支の動向に注意が必要である。ポピュリスト的な政策志向を持つために人気を集めて2007年に政権の座を勝ち取ったラファエル・コレア大統領（2017年5月まで在任）は，国民の経済状況を向上させるために，「大きな政府」型の政策を打ち出し，教育や社会保障の拡充，インフラ整備，低所得者層への対応を進め，大規模な財政出動を行ってきた。IMFの資料によれば，財政収支は，2000年代には黒字化することもあったが，2012年に8.2億ドルの赤字を記録し，2013年の43億ドルの赤字→2014年以降の50億ドル以上の赤字といった形で2013年以降に赤字が拡大している。本来は「ドル化」政策によって財政ファイナンス防止を通じて歯止めがかかるはずだ（と考えられている）が，こうした赤字をともなう財政出動が，最近までの好調なエクアドル経済の背景にある。

最後に，「ドル化」政策へ移行する際の問題にふれておく必要がある[4]。

エクアドルの「ドル化」政策への移行は，モデルとなる前例がなかったために具体的なガイドラインがないまま実施され，自国通貨スクレでの経済活動をせざるをえない小規模商人や貧困層の存在，スクレ建てから米ドル建てへの価格表示変更を利用した値上げ，米ドル財源確保を目的とする政府補助金の削減，先住民組織と軍人が結びついての暴動の勃発，補助鋳貨の一時的な不足，現金偽造への懸念の発生などの諸混乱をともないながら進んだ。

そして，移行をめぐる最重要の論点として，自国通貨スクレと米ドルの交換がある。2000年に「ドル化」政策を導入するタイミングで，エクアドルの主要輸出品である原油の価格持ち直し，母国の危機的状況に対応することを目的とした移民送金の流入，国際経済機関からの支援も幸いし，エクアドルの通貨当局は，スクレを米ドルに置き換えるために最低限必要な外貨準備を確保できていた。

しかしながら，自国通貨スクレから米ドルへの交換には留意するべき点がある。

1つ目に，預金通貨への対応である。預金通貨は，もともと市中銀行の無準

備負債となる部分があるために，言い換えれば，必ずしも市中銀行保有の外貨資産（さらには通貨当局保有の外貨準備）によってカバーされている必要はないために，自国通貨スクレ建てから米ドル建てへの帳簿上での「読み替え」を通じた交換が可能である。しかし，預金が米ドル建てになれば，米ドル現金での預金引出が急増する可能性があり，こうした事態に対応するために「預金封鎖」を行うことが考えられる。

エクアドルにおいて，「預金封鎖」は，1990 年代末の経済危機の中ですでに行われており，むしろ「ドル化」政策導入とほぼ同じタイミングで解除が目指された。具体的には，「預金封鎖」は，一覧払預金と貯蓄預金については「ドル化」政策を導入する前の 1999 年の間に，定期預金については 2000 年中頃までに，それぞれ解除された。「預金封鎖」の解除は，とくに定期預金の規模が大きかったために一挙に行うことは困難であったが，引き出された預金の新規預金としての預け直しや，米ドル現金ではなく銀行債を渡す方法を駆使して，預金引出を防止しながら，実現できた。

2 つ目に，より重要なこととして，自国通貨スクレと米ドルの交換相場の切り下げを通じた対応である。この問題を考えるためには，為替相場，スクレの流通量，外貨準備について整理しておく必要がある。

スクレの為替相場は，1999 年末（12 月期の平均相場）には 1 ドル = 18,025 スクレだったが，「ドル化」政策導入時点では 1 ドル = 25,000 スクレに設定された。「ドル化」政策を導入する時点で，スクレのマネタリーベース（中央銀行預け金＋現金）は 13 兆 4,102 億スクレ，スクレの一覧払預金は 6 兆 2,916 億スクレ，スクレのマネタリーベースと一覧払預金の合計は 19 兆 7,018 億スクレが存在していたのに対して，外貨準備は 12.8 億ドル保有されていた。

マネタリーベースに焦点を当てれば，1998 年末の時点では 5 兆 6,894 億スクレであったことを考えると，1999 年に，エクアドル中央銀行が市中銀行の流動性対策として行った大規模な資金供給によって，わずかな期間に 2 倍以上に激増したことになる。激増したマネタリーベースの大部分はスクレ現金の形態で存在しており，スクレ現金は，経済危機によって預金引出が殺到するなかで市中銀行から流出し，国内にあふれていた。

1999 年末の 1 ドル = 18,025 スクレで米ドル建てに換算すれば，スクレのマネ

タリーベースは7.4億ドル相当,一覧払預金は3.5億ドル相当であり,これらの合計は約11億ドルが存在していたことになる。1ドル＝18,025スクレの相場でも,外貨準備は,スクレのマネタリーベースだけでなく,(必ずしもカバーしている必要はないが)一覧払預金も含めた金額をカバーしていることになる。ちなみに,約1年前の1999年1月期の平均相場は1ドル＝7,133スクレであり,この相場で米ドル建てに換算すれば,スクレのマネタリーベースは18.8億ドル相当が存在していたことになり,外貨準備ではカバーしきれない規模であった。

　ところが,「ドル化」政策への移行時に設定された1ドル＝25,000スクレの為替相場を念頭において計算すれば,2000年1月時点のエクアドルでは,スクレのマネタリーベースは5.4億ドル,一覧払預金は2.5億ドル相当であり,合計7.8億ドル存在していることになる。つまり,1ドル＝18,025スクレと比べて約28％過小評価した1ドル＝25,000スクレの相場によって,約3億ドル相当のスクレが「消滅」することになった。さらに,1999年1月期の1ドル＝7,133スクレの相場と「ドル化」政策の導入時点の1ドル＝25,000スクレの相場を比較すれば,わずか1年近くで70％に及ぶスクレが「消滅」したことになる。

　こうして,交換相場の大幅な切り下げ,すなわち,スクレを過小評価することによって,米ドルとの交換対象となるスクレの規模が縮小(言い換えれば,米ドル資産が相対的に増加)したことになる。この過程で,市中銀行レベルではスクレ建ての資産が目減りする一方で負債側の預金規模も縮小することができ,通貨当局レベルでは(外貨)資産が目減りすることなくマネタリーベースが縮小できるようになり,スクレの規模は,米ドルとの交換に対応できる外貨準備や外貨資産の規模に見合うようになった。

　インフレの進展や為替相場の暴落で自国通貨スクレの価値が低下するなかで,さらに,米ドルとの交換の際に過小な交換相場が設定されたことで,①通貨当局にとっては(1999年に行った大規模な資金供給で膨らんだ)自らの負債であるスクレの縮小を通じた債務の棒引き,②裏を返せば,スクレ保有者,とくにスクレでの支払にこだわりを持つ層,スクレ建ての預金を保持していた層,そして,1990年代末の危機の際にスクレ現金で預金を引き出した層にとっては資産の目減りが生じることになった。そのため,エクアドルでは,交換相

場の変動にともなう問題を回避するどころか，債権債務関係の再編を引き起こす交換相場の切り下げが，「ドル化」政策導入の一つの鍵になった。

以上の経緯によって，エクアドルは「ドル化」政策を導入している。

2　エルサルバドルにおける経緯

エルサルバドルは，2001年1月に「通貨統合法」を根拠法として，「ドル化」政策を導入した。第2項では，エルサルバドルにおける「ドル化」政策導入の経緯について確認する[5]。

最初に，政治経済的な背景を2つにわけて見ておこう。

第1に，経済政策上の背景である。まず,「ドル化」政策は，1980年代の中米紛争[6]によって自国通貨コロンの信頼が失われたことから生じていたインフレへの対応，ポピュリスト的な政権への移行時に放漫財政が行われることの防止といった経済安定化策としての側面を持っている。また，エルサルバドルは，対外経済取引の安定化と促進，ハブ化戦略，サービス産業の育成，外国へ移民を送り出すことで送金を獲得する「人の輸出」政策といった経済成長戦略の総仕上げとしても，「ドル化」政策を位置づけている。いずれにも，新自由主義型の経済政策論が大きな影響を与えている。

第2に,「ドル化」政策導入において，政治的背景も重要である。エルサルバドルの国内政治において，経済力を持つオルガルキーを支持層とする右派政党である国民共和同盟（ARENA）と，1980年代の中米紛争の際に台頭した左翼ゲリラ勢力を母体とする左派政党であるファラブンド・マルティ民族解放戦線（FMLN）の対立が続いてきた。1999年の大統領選挙ではARENAが勝利したが，2000年の議会選挙ではFMLNが勝利したために，ARENAは他の政党との連立によってかろうじて政権を維持できた。このような背景から，ARENAは，FMLNが将来的に政権を握った際の政策の自由度を制限することを狙い，翌2001年に「ドル化」政策を導入することになった。

次に，エルサルバドルの通貨当局者が「ドル化」政策や自国通貨コロンに対して持っていた認識について，1999年7月の米国議会の公聴会におけるエルサルバドル金融相マニュエル・ヒンズ[7]の発言から探ってみよう。ヒンズは，

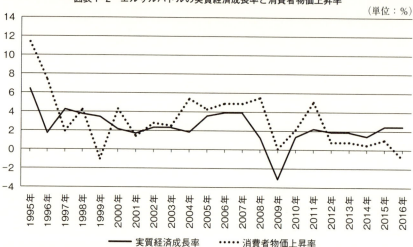

図表 1-2　エルサルバドルの実質経済成長率と消費者物価上昇率

注）2016年はIMFの予測値。
出所）IMF資料より筆者作成。

（「ドル化」政策導入前の）エルサルバドルにおいて，自国通貨コロンの存在が経済や金融を不安定化させるために悩みの種になっており，こうした状況は自国通貨を外貨に置き換えた（すなわち，「ドル化」政策を導入した）時にのみ解決できる旨を証言している。

ここには，「ドル化」政策導入前のエルサルバドルにおける通貨事情の厳しさが生々しく示されている。そのため，価値の安定している米ドルを使うことによって，経済と金融の安定化を図るために，「ドル化」政策が導入されたと考えることができる。

この点を踏まえて，2001年の「ドル化」政策導入前後のマクロ経済パフォーマンスを確認しておこう（図表1-2）。1990年代におけるエルサルバドル経済は，危機的状況にあったわけではなく，インフレ率（消費者物価上昇率）が比較的低位であり，実質経済成長率も2%〜4%と手堅く推移していた。この流れは，「ドル化」政策導入以後にも定着している。こうして，エルサルバドルでは，必ずしも好調な経済状況にあるわけではないが，「ドル化」政策の効果もあいまって，インフレ率の低位安定化や経済成長の維持が見られる。

最後に,「ドル化」政策へ移行する際の問題にふれておく必要がある。

エルサルバドルにおける「ドル化」政策への移行は,エクアドルの教訓を踏まえて,周到な準備が事前に行われて実施されたことから,大きな混乱もなく進んでいった。

より重要な論点として,自国通貨コロンと米ドルの交換がある。エルサルバドル中央準備銀行やIMFの資料によれば,エルサルバドルでは,2000年末時点(言い換えれば,「ドル化」政策導入時の2001年初)で,コロンのマネタリーベースが(米ドル建て換算で)18.4億ドルだったのに対して,外貨準備が18.9億ドル保有されていた。そのため,大まかな計算ではあるが,コロンと米ドルの交換に応じるために最低限必要な外貨準備が確保されていた[8]。「ドル化」政策導入とほぼ同じタイミングで,外国居住エルサルバドル人からの移民送金の流入が増加したことも幸いした。

エルサルバドルでは,インフレは鎮静化されており,為替相場は1993年以降に1ドル=8.75コロンで固定されていた。その一方で,自国通貨コロンへの不信から「事実上のドル化」が進展し,多額の米ドル現金や「米ドル建て預金」が使われていた。こうした状況のなかで,エクアドルと異なり,エルサルバドルでは,「ドル化」政策の導入に必要な米ドルを改めて調達する必要性が低下するとともに,インフレ率や為替相場が安定していたうえに交換相場の切り下げも行われず(従来と同じ1ドル=8.75コロンで交換が行われ),債権債務関係の再編を生じさせることのないまま,「ドル化」政策の導入が可能になった。

以上の経緯によって,エルサルバドルは「ドル化」政策を導入している。

3 パナマにおける経緯

パナマは,100年以上にわたって「ドル化」国としての地位にあり,パナマ運河の存在や国際金融センターとしての地位も手伝って,「ドル化」政策の成功事例として評価されている。第3項では,パナマが「ドル化」政策を導入し,現在でも継続している経緯について確認する[9]。

パナマにおける「ドル化」政策の起源は,1904年にパナマ運河建設を開始した米国が,多額の米ドル現金がパナマ国内にすでに流通していた状況や,米国

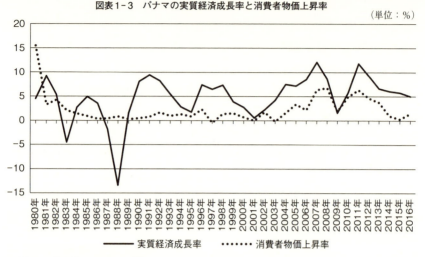

図表1-3　パナマの実質経済成長率と消費者物価上昇率
（単位：%）

凡例：実質経済成長率　・・・・・・消費者物価上昇率

注）2015年以降はIMFの予測値。
出所）IMF資料より筆者作成。

人労働者やパナマ運河運営の便宜を踏まえて，パナマ国内での米ドル使用を定めた「通貨協定」をパナマと締結したことにある。そのため，パナマにおける「ドル化」政策導入の背景には，パナマ運河の存在や米国との強い地政学的関係がある。そして，第二次世界大戦後のパナマの歴史は，1903年に締結された「運河条約」に基づいてパナマ運河を管理する米国から利益とともに支配・圧力を受ける複雑な関係のなかで，米国による支配の象徴的存在であったパナマ運河を逆に交渉力にしながら米国との抗争を繰り広げてきた歴史ともいえる。

　興味深いのは，このような歴史的経緯があるにもかかわらず，1999年にパナマ運河がパナマに返還されたのちも，パナマが「ドル化」政策を継続していることである。パナマの「ドル化」政策導入の法的根拠となった「通貨協定」にはパナマ運河返還との関連や「ドル化」政策からの「離脱」についての条項が明記されていないために，パナマ運河返還後における米国とパナマの「ドル化」政策の関係は曖昧になっている。そのため，パナマの「ドル化」政策の継続においては，その導入の重要な要因となった米国との地政学的関係と並んで，自国通貨の存在によって生じる問題を回避することも要因になっている。このこと

は，過去において，パナマが，自国通貨の発行を試みたにもかかわらず十分に浸透しなかった「失敗経験」を持っていることに端的に示される。

最後に，パナマのマクロ経済パフォーマンスを確認する（図表1-3）。まず，実質経済成長率を見ておこう。1980年代と1990年代のパナマ経済は，1980年代末に大規模な経済停滞に陥った経験[10]を持っているとともに，全体的に好況と不況の変動が激しかった。それに対して，2000年代のパナマ経済は，世界同時不況の影響を受けた2009年ですらプラス成長を維持しており，全体を通して良好である。また，インフレ率（消費者物価上昇率）は，2008年に原油価格高騰を反映して上昇しているが，他の中南米諸国よりも低い水準にあり，全期間を通して低位で安定しながら推移している。こうして，2000年代のパナマのマクロ経済パフォーマンスは，リーマン・ショックや世界同時不況が生じた時期も含めて，良好である。

第3節　米国側の反応

第3節では，非米諸国における「ドル化」政策の導入に対して，米ドル発行国である米国がどのような反応をしているのかを確認する。この論点を考える際には，1990年代末から2000年代初頭にかけて米国国内で行われた議論が手がかりになる。

米国国内で議論が起きたきっかけは，1999年にアルゼンチンが「ドル化」政策の導入を検討したことにある。こうした事態を受けて，1999年から2000年代初頭にかけての時期に，米国国内で「ドル化」政策に対する関心が高まり，米国議会での公聴会（U.S. Senate［1999a, 1999b］），コニー・マック議員による法案"The International Monetary Stability Act"の提出，法案の解説書（Schuler and Stein［2000］）の作成，「ドル化」をめぐる解説書（Schuler［2000］）や論争を取り上げた文献（Salvatore, Dean, and Willett eds.［2003］）の出版が行われ，大きな議論が巻き起こった[11]。

この時に行われた議論では，「ドル化」政策の効果，「ドル化」政策が米国に与える影響，そして，それらを踏まえたうえで米国自身が非米諸国の「ドル化」政

策に対してどのようなスタンスを持つべきかが論点となった。このような議論の盛り上がり自体が,「ドル化」政策に対する関心の高まりという形での米国側の反応を示している。

次に,米国が非米諸国の「ドル化」政策に対して持っているスタンスを,1999年4月に米国議会で行われた公聴会における米国通貨当局者の証言をもとに確認しておこう[12]。

まず,当時FRB(連邦準備制度理事会)議長であったアラン・グリーンスパンの証言において,米国中央銀行は「ドル化」政策の文脈に限らず非米諸国の状況を考慮に入れて金融政策を運営するように非米諸国から要請をすでに受けているが,非米諸国の状況を米国の金融政策に反映させる意思を持っていない旨が語られている。

また,当時財務副長官であったローレンス・サマーズは,①米国が「ドル化」国に対して,金融監督の支援,米国中央銀行の「最後の貸し手」へのアクセス権の付与,米国の金融政策運営での考慮をすることは適切ではない旨,②「ドル化」政策を導入するか否かを含めて通貨制度の選択は米国ではなく各国独自の判断に委ねる旨,③(非米諸国が)「ドル化」政策の導入を検討する際には当該国の通貨当局者と議論したい旨を証言している。

米国の通貨当局者の証言からは,米国のスタンスが示される。米国は,「ドル化」政策を導入する(予定の)国との議論を受け入れようとしているうえに,非米諸国による「ドル化」政策の導入を止めようとはしていない。その一方で,米国は,「ドル化」政策を導入する国に対して,金融監督や金融政策面での支援を行う意思を持っていない。こうして,米国は,非米諸国における「ドル化」政策導入に対して,止めることも進めることもせず,「黙認する中立的な」スタンスを持っている[13]。

米国国内で行われた議論全体を見渡せば,「ドル化」政策の効果に関しては賞賛派と懐疑派にわかれ,米国自身が「ドル化」政策を進めるべきか否かをめぐる論点でも積極派,消極派,中立派にわかれ,米国国内で意見が一致しなかった。そして,2001年にマック議員が引退すると"The International Monetary Stability Act"は廃案となり,「ドル化」政策をめぐる議論は,米国の通貨当局者に代わって,アカデミックな分野へ舞台を移していった。

現代においては，グリーンスパンやサマーズの示した見解，すなわち，「黙認する中立的な」スタンスが，「ドル化」政策に対する米国側の基本的なスタンスとなっている。

第4節　小括

本章で中心に見てきた内容，すなわち，エクアドル，エルサルバドル，パナマにおける「ドル化」政策導入の経緯について整理しておこう。

「ドル化」政策を導入する際に，エクアドルでは経済危機と国内政治における山岳部と海岸部の対立，エルサルバドルでは経済安定化策と経済成長戦略また国内政治における右派と左派の対立，パナマではパナマ運河を中心とする米国との地政学的な関係といった各種の背景や，「ドル化」政策への移行プロセスにおいて，相違や多様性が存在する。その一方で，「ドル化」政策導入の背景には，「ドル化」国の通貨当局者の認識に見られたように，自国通貨の存在によって引き起こされる問題に対処する意図もあり，共通点も存在する。

歴史的に見れば，先進国・発展途上国を問わず，どのような通貨制度を導入して通貨を制御するのかが，銀行危機，通貨危機，債務危機，インフレといった危機的状況への対応や，時々の政策問題への対応のために，経済理論，利害関係，政治力学の影響を受けながら，繰り返し議論の対象になってきた。発展途上国における「ドル化」政策は，こうした歴史的な議論を再現する形で登場したことになる。具体的には，ドイツや第二次世界大戦後の日本，また，中南米はインフレに直面した際に強力な引締政策を通じて通貨混乱を収束させた経験を持っており，中南米の小国では「ドル化」政策という形で通貨問題への対処が行われた。

［注］

1）「ドル化」政策導入の背景を整理する際には，経済危機への対処をめぐる背景については新木［2001］（68-70頁），新木編［2012］（第13章），田口［2000］，林・木下［2012a］（149-153頁），林・木下［2014］（47-49頁），Beckerman［2002］，Beckerman and Cortes-Douglas［2002］，Solimano［2002］，政治対立への対処をめぐる背景については松井［2009b］（52-53頁），松井［2016］（32-

33頁）を参照した。
2）エクアドル中央銀行［2000a, 2000b, 2000c］。
3）エクアドルの経済状況について，より詳しくは木下［2017］，林・木下［2012a, 2012b］を参照されたい。
4）この論点について，①「ドル化」政策導入にともなって生じた混乱の状況は林・木下［2012a］（150－151頁），Beckerman and Cortes-Douglas［2002］（pp.102－108），Karmin［2008］（邦訳 173－180頁），②「ドル化」政策を導入する時期の自国通貨スクレ流通量，外貨準備，為替相場の動向は，エクアドル中央銀行ウェブサイトやBeckerman［2002］（pp.66－67）に掲載されているデータや，田口［2000］（75－76頁），Solimano［2002］（p.3, pp.7－8）の記述，③「預金封鎖」の実施と解除の流れは田口［2000］（72－75頁），Beckerman［2002］（pp.54－59），Beckerman and Cortes-Douglas［2002］（pp.100－102）を参照して，筆者の視点に基づいて整理した。
5）第2項では，①「ドル化」政策導入の背景について，経済政策をめぐる背景は織井［2002］（149頁），林・木下［2014］（44－46頁），Gammage［2006］とその枠組みを発展させた松井［2011a］，政治的背景は松井［2009b］（53頁），松井［2010］，松井［2016］（32頁），②「ドル化」政策への移行をめぐる論点については，林・木下［2014］（45頁），ビヤンバ［2005］（17頁），竜舌蘭［2011］，The Economist［2002］を参照して整理を行った。②については，これらの文献で事実関係を捉えたうえで，そこから含意を導き出す形で整理した。
6）国本［1992］（262－264頁）によれば，中米紛争は次のような展開をたどった。エルサルバドル近隣のニカラグアで左翼革命政権が誕生すると，中米地域全体で武力闘争が巻き起こった。事態は，新冷戦構造のなかで米国と旧ソ連が介入して複雑化し，中米地域を舞台とする国際的な東西対立の場と化した。この動きのなかで，エルサルバドル国内は，革命を掲げるFMLNを中心とする反政府ゲリラ勢力と政府の抗争によって内戦の様相を呈するようになった。最終的に，停戦合意が国際連合の仲介の下で1992年に成立したことによって，事態は（一応）終結した。
7）Hinds［1999］。
8）ただし，エルサルバドルは，巧妙な方法，すなわち，通貨当局が「流動性証書（Liquidity Certificates）」（詳細は第3章を参照）を発行して，①米ドルを調達して米ドルを確保するとともに，②「流動性証書」をそのまま「米ドルの代用」として使って米ドルを節約することを通じて，自国通貨コロンと米ドルの交換に応じていた可能性が残る。
9）パナマ運河をめぐるパナマと米国の関係を整理する際には河合［1980］，小林［2000］，小澤［2006］（3－6頁，10－12頁，14－15頁），国本・小林・小澤［2004］を，「ドル化」政策の導入・継続の経緯を整理する際には国本・小林・小澤［2004］（234－235頁），滑川・月見庵［2000］，平子［1996］（56－57頁，71－72頁）を参照した。
　　パナマの国際金融センター化の背景には，「ドル化」国として米ドル建て取引が行えること，1970年制定の「銀行法」による守秘義務の徹底化，優遇税制措置の存在，金融自由化の進展がある。詳しくは，古い文献になるが，永川［1979］，山本［1977］，Zimbalist and Weeks［1991］（Chap.4），Moreno-Villalaz［1999］（pp.426－427），Johnson［1972］（pp.223－228）を参照されたい。
10）ここまでの経済停滞は，他の年には見られないために，例外的な事態ともいえる。1980年代末の経済停滞の要因は，パナマが米国との政治面での関係悪化にともなって生じた未曾有の通貨混乱に直面したことにある（詳しくは，Moreno-Villalaz［1999］pp.428－430, Zimbalist and Weeks［1991］Chap.7, Cohen［1998］邦訳82－85頁，Cohen［2004］p.130, 平子［1996］74頁を参照）。
　　1980年代末に実権を握っていた（反米主義者の）ノリエガ将軍が米国から不正の疑いをかけられると，パナマと米国の間で政治的緊張が増し，事態は，米国がパナマに対して経済制裁を発動するところまで発展した。この事態によって，国内通貨流通が著しく縮小し，パナマ経済は壊滅的な打撃を受けた。事態は，経済制裁にとどまらず軍事進攻まで発展した後に，ノリエガ将軍が米国に拘

束されることで終結した。
11) 当時行われた議論の包括的な紹介としては，Cohen［2002, 2003］，Cohen［2004］(pp.81-91)，Helleiner［2003a］, Helleiner［2006］(Chap.7), Helleiner［2007］を参照されたい。いずれも，国際政治経済学の立場から紹介されている。
12) グリーンスパンの証言はSchuler and Stein［2000］(p.8)，サマーズの証言はSummers［1999］より。翻訳は本書の筆者による。
13) ただし，アルゼンチンが米国の猛反対で「ドル化」政策を導入しなかったことに示されるように，米国は，非米諸国による「ドル化」政策の導入に反対しないわけではない。

第2章

「ドル化」国における通貨概念

第1節　問題の所在

　第2章では，「ドル化」国における通貨概念を検討する。その際には，通貨の流通範囲に密接に関連する決済のあり方を議論の出発点として，それをもとに「ドル化」国における通貨（とくに預金通貨）について詳しく検討を行い，最終的に「ドル化」国における通貨概念を提示する。第2章の内容は，本書における中核的な議論となる。

　先行研究は，「ドル化」国における通貨概念に関連する論点を取り上げていないわけではない。しかしながら，そこでの議論の特徴は，米ドルが法貨規定を持つとともに米ドル建て取引が行われる「ドル化」国について，①通貨統計を，「自国通貨保持国」におけるマネタリーベースやマネーストック[1]と「同列」に取り上げている点，②預金や貸出，米ドル現金の規模の拡大・縮小要因やそのことが持つメリットやデメリットに焦点を当てている点にある[2]。

　こうした先行研究は，「ドル化」国について，通貨の動向に焦点を当てている点に一定の意義を見出せるが，通貨概念を検討する際に必須となる決済の観点から捉えていないこと，さらには（内実を問うことなく）「自国通貨保持国」の通貨概念と「同列」にすることで議論に混乱を生じさせてしまう可能性を大きな問題として抱えている。

　そのため，「ドル化」国の通貨概念は，「ドル化」国における通貨制度の実態を検討する際にまずもって検討されなければならない論点である。したがって，本章では，「ドル化」国における決済のあり方を踏まえて，通貨概念について検

討する。

第2節 「ドル化」国における決済制度

　決済のあり方は，通貨の流通範囲に密接に関連する。そのため，「ドル化」国における通貨概念を検討する出発点であり根幹として，「ドル化」政策導入後に出現する決済制度の内実を問う必要がある。そこで，第2節では，エクアドル，エルサルバドル，パナマにおける決済のあり方について，中央銀行[3]や関連する諸機関の資料を用いながら検討を行う。

　各種の資料[4]をもとに「ドル化」国の決済制度を俯瞰すると，エクアドル，エルサルバドル，パナマにおいて，個別のケースでの細かい相違もあるが，共通して，手形交換所が存在すること，中央銀行（的機能を持つ金融機関）が中央銀行預け金の振替を通じた銀行間決済のシステムを提供・管理していること，そして，これらのシステムが各国独自の制度として存在していることを確認できる。

　ここから示される「ドル化」国における決済のあり方について，国内決済（国内取引における企業間決済と銀行間決済），そして，対外決済の様式を整理しておこう。

　最初に，「ドル化」国の国内取引における企業間決済についてである。企業間決済については2つの方法がある。

　第1に，現金決済（ここでの現金は原則として米ドル現金）である。現金決済は，発展途上国で見られる高い現金選好によって「ドル化」国でも多く行われていることが予想される。

　第2に，預金通貨を通じた決済である。エクアドル，エルサルバドル，パナマにおいて，小国とはいえ国土や経済規模には一定程度の大きさがあり，金額の大きな取引も存在していることから，現金決済だけでは運搬や保管のコスト，また，盗難のリスクが大きくなる。そのため，「ドル化」国において，小切手・手形を用いて預金通貨を通じた決済が行われることになる。

　預金通貨を通じた決済の場合には，在「ドル化」国の企業は，在米銀行の預金

口座を使う可能性と，在「ドル化」国の市中銀行の預金口座を使う可能性がある。まず，在「ドル化」国の企業が在米銀行の預金口座を使う場合には，「ドル化」国内の市中銀行や中央銀行は不要となり，在米銀行において決済が行われる。その一方で，この方法では，各種の負担が発生することから，大企業はともかくとして小規模事業者が行うには難しい部分もある。そこで，いまひとつの方法である在「ドル化」国の市中銀行の預金口座を通じた決済が行われることになる。「ドル化」国に手形交換所が存在するのはこのためであり，逆に，手形交換所の存在は預金通貨を通じた決済が行われていることを示している。

次に，「ドル化」国の国内取引における銀行間決済についてである。企業間決済において小切手・手形が使われていれば，銀行間決済を行う必要がある。在「ドル化」国の企業が，在米銀行の預金口座を使う場合には「ドル化」国内の銀行間決済が不要になるが，在「ドル化」国の市中銀行の預金口座を使う場合には「ドル化」国内で銀行間決済が行われる。

具体的には，「ドル化」国内の銀行間決済は，在「ドル化」国の市中銀行が中央銀行に種々の米ドル資産（米ドル現金，在米ドル預金，さらには安全性と流動性の高い米国債などの米ドル建て資産）を預け入れて中央銀行預け金を開設し，中央銀行が提供・管理している中央銀行預け金の振替システムを通じて行われる。「ドル化」国の中央銀行は新規の信用供与（外貨準備を上回る通貨性負債の創出）を原則停止するため，「ドル化」国の中央銀行預け金は，市中銀行による米ドル資産の預入を通じて形成されることになる。

最後に，「ドル化」国の対外決済を見ておく必要がある。「ドル化」国は，米国から特段の支援を受けていないため，米ドルを法貨として使用していても，米国の中央銀行制度に加盟したり米国と特別な決済制度を創設して米国の決済制度に入ったり統合されるわけではない。言い換えれば，在「ドル化」国の市中銀行は，米国中央銀行に預金口座（米国の中央銀行預け金）を直接的に保有しているわけではない。

そのため，「ドル化」国の対外決済は，在「ドル化」国の預金を在米ドル預金に直接的に振り替える形ではなく，異なる銀行間の契約関係に基づいて在米拠点に設定されるコルレス勘定や同一銀行の在米拠点に設定される本支店勘定を通じて，各取引主体が保有する在米ドル預金同士を振り替える形で行われる。

在米ドル預金が不足する場合には，米ドル現金の現送を通じて，「ドル化」国の対外決済が行われることになる。

　以上のように，「ドル化」国であるエクアドル，エルサルバドル，パナマの決済制度について整理してきた。「ドル化」国の国内決済については，預金通貨を用いるために，中央銀行預け金の振替を通じて銀行間決済を行う独自のシステムが存在する。その一方で，「ドル化」国の対外決済については，国内決済と同じ形になるわけではなく，在米銀行のコルレス勘定や本支店勘定に保有されている在米ドル預金の振替，場合によっては米ドル現金の現送を通じて行われる。

第3節　「ドル化」国における市中銀行の機能および預金通貨

　第3節では，決済のあり方を念頭において，在「ドル化」国の市中銀行の行う「預金設定による貸出」を通じた預金通貨の創造，そして，「ドル化」国で創り出される預金通貨の性格について検討する[5]。

　本節の検討課題をより詳しく整理しておこう[6]。「自国通貨保持国」の通貨制度において，中央銀行によって供給されるマネタリーベース（現金通貨と中央銀行預け金）に加えて市中銀行によって創造される預金通貨が重要な役割を持っていること，言い換えれば，通貨供給に関わる主体として中央銀行に加えて市中銀行が存在することは，基本的かつ重要な事実である。そして，市中銀行の持つ重要な機能の一つは，市中銀行が，決済手段としての機能を持つ一覧払預金を借り手の預金口座に記帳する形で貸出（「預金設定による貸出」）を行うことで預金通貨を創り出すことにある。そのため，「ドル化」国における通貨制度の実態を検討する際には，在「ドル化」国の市中銀行は「預金設定による貸出」を通じて預金通貨の創造を行っているのか否か，その預金通貨はどのような性格を持っているのかを問う必要がある。

　本節では，設定した課題に対して，2つの点に留意して検討を行っていく。第1に，最も基本的なことであり議論の出発点として，市中銀行の「預金設定による貸出」には，預金通貨が（どこまで）流通しうるのかという形で，国内決済および対外決済のあり方が密接に関わる。第2に，市中銀行の「預金設定に

よる貸出」の基本的な規定要因[7]について，現金準備をめぐる問題や，借入需要のあらわれ方を，「ドル化」国における固有の文脈や経済構造に関連させて検討することが必要になる。

なお，ここでいう現金準備は，現金そのもの，あるいは，現金に近い形態で保有され，各種の支払を行うために直ちに利用可能な資産を指す。現金準備は，その名称に「現金」と入っているが，米ドル現金に加えて，中央銀行預け金，そして，在米ドル預金（さらには米国債などの在米資産）を含むことに注意されたい。「ドル化」国において，現金準備がこうした形態で保有される理由は本節で解明していく。

1 在「ドル化」国の市中銀行機能と預金通貨の基本的性格

第1項では，在「ドル化」国の市中銀行の「預金設定による貸出」を通じた預金通貨の創造，そして，そこで創り出される預金通貨の基本的性格について検討する。

最初に，「ドル化」国現地の関係機関へのヒアリングを手がかりに，検討しておこう。筆者は，在「ドル化」国の市中銀行が借り手の預金口座に記帳する形で貸出，つまり「預金設定による貸出」を行うのか否かについて，現地の関係機関に対して電子メールにて質問状を送付した[8]。そして，在エクアドルの市中銀行が借り手の預金口座に記帳する形で貸出を行っている旨，在パナマの市中銀行が小切手を借り手に渡す形で貸出を行っている旨の回答を得た。これらの回答からは，「ドル化」国において，預金通貨が決済手段として使用されていること，そして，市中銀行が「預金設定による貸出」を通じて預金通貨を創り出していることが示される。

次に，資金の具体的な動きをつかめるバランスシートへの取引過程の記入（図表2-1〜図表2-3）を通じて整理しておこう。これらの図表において，太字の箇所はバランスシートの初期状態，プラスの符号は当該項目の増加，マイナスの符号は当該項目の減少，二重線以下はすべての取引完了後の最終的な状態をそれぞれ示す。そして，図表中の丸数字は，本文での丸数字に対応している。

ここでは，国内決済と対外決済の2つのケースに分けて見ていくことにしたい。

図表2-1 「ドル化」国における国内決済を念頭においた預金通貨の動き

在「ドル化」国の市中銀行A				在「ドル化」国の市中銀行B		
資産	負債・資本			資産	負債・資本	
中銀預け金 100	預金(顧客) 100	①		中銀預け金 100	預金(顧客) 100	
貸出(X) +90	預金(X) +90	②				
		③		小切手(A) +90	預金(Y) +90	
	預金(X) −90 債務(B) +90	④		小切手(A) −90 債権(A) +90		
中銀預け金 −90	債務(B) −90	⑤		債権(A) −90 中銀預け金 +90		
中銀預け金 10 貸出(X) 90	預金(顧客) 100	⑥		中銀預け金 190	預金(顧客) 100 預金(Y) 90	

出所)仮想例を用いて,筆者作成。とくに断りのない限り,図表2-2と図表2-3も同じ。

(1) 国内決済を念頭においた「ドル化」国における「預金設定による貸出」

(1)では,国内決済を念頭において,在「ドル化」国の市中銀行が「預金設定による貸出」を通じて預金通貨を創り出し,借り手が預金を決済手段として(すなわち,預金通貨を)使用するプロセスを検討する(図表2-1)。

最初に,在「ドル化」国の市中銀行の現金準備の獲得である(①)。在「ドル化」国の市中銀行AとBはともに,顧客から預金された米ドル現金を「ドル化」国の中央銀行に預け入れて中央銀行預け金(バランスシートでは「中銀預け金」と表記)を保有した状態にある。市中銀行AとBのバランスシートでは,それぞれ資産側に「中銀預け金」が100,負債側に「預金(顧客)」が100計上されている。

そして,市中銀行Aが,借り手(X)に対して90の「預金設定による貸出」を行う(②)。このことを反映して,市中銀行Aのバランスシートにおいて,資産側に「貸出(X)」が90増加し,負債側に「預金(X)」が90増加する。

ここまでで2点に注目しておこう。第1に,「ドル化」国において,中央銀行による新規信用供与(外貨準備を上回る通貨性負債の創出)が原則的に行われなくなるために,中央銀行預け金は,市中銀行が種々の米ドル資産(米ドル現金,在米ドル預金,さらには安全性と流動性の高い米国債などの米ドル建て資産)を中央銀行に預金することによって形成される。第2に,市中銀行Aによる借り手(X)への貸出は,Xに対して現金を直接的に渡すのではなく,Xの預

金口座に預金を記帳する（「預金設定による貸出」の）形で行われる。この時に，市中銀行が貸出によって預金通貨を創り出すことになる。

次に，借り手（X）が，Yに90の支払を行うために，小切手を用いて預金を決済手段として，言い換えれば，預金通貨を使用する段階である（③）。Xから小切手を受け取ったYが自身の取引先である市中銀行Bに小切手を持ち込むと，市中銀行BはYに支払を行いYは市中銀行Bから資金を受け取ることになる。そのため，市中銀行Bのバランスシートにおいて，負債側では「預金（Y）」が90増加するとともに，資産側では市中銀行Aに対する債権として「小切手（A）」が90増加する。

続けて，手形交換所における小切手の授受である。手形交換所において市中銀行Bが市中銀行Aに小切手を提示することで，銀行間で債権債務関係が形成されるとともに，それに対応して市中銀行AはXに支払を求める（④）。このことを反映して，市中銀行Aのバランスシートの負債側では「債務（B）」が90増加して「預金（X）」が90減少する一方で，市中銀行Bのバランスシートの資産側では「小切手（A）」が90減少して「債権（A）」が90増加する。

最終的に，銀行間の債権債務関係を解消するために，中央銀行預け金を用いた銀行間決済が行われる（⑤）。この取引を反映して市中銀行Aのバランスシートでは負債側の「債務（B）」とともに資産側の「中銀預け金」が90減少し，市中銀行Bのバランスシートでは資産側で「債権（A）」が90減少して「中銀預け金」が90増加する。ここまでで，非銀行部門の間の決済，市中銀行と非銀行部門の間の決済，そして，銀行間決済がすべて完了する。

市中銀行Aと市中銀行Bの統合版バランスシートである図表2-2も見ておこう。初期状態のバランスシート（図表2-1の①の統合版）と，すべての決済を完了した後の最終的なバランスシート（図表2-1の⑥の統合版）を見ると，「ドル化」国の銀行システム全体で負債側の「預金」が200から290に増加しており，在「ドル化」国の市中銀行の「預金設定による貸出」を通じて「ドル化」国で預金通貨が創り出されている。

図表2-2　在「ドル化」国の市中銀行Aと市中銀行Bの統合版バランスシート

資産		負債・資本	
中銀預け金	200	預金（顧客）	200
中銀預け金	200	預金（顧客）	200
貸出（X）	90	預金（Y）	90

こうして、在「ドル化」国の市中銀行が、米ドル資産の預入を通じて形成される「ドル化」国の中央銀行預け金を現金準備および銀行間決済の手段として、「預金設定による貸出」を通じて預金通貨を創り出していることを確認できる。

(2) 対外決済を念頭においた「ドル化」国における「預金設定による貸出」

（2）では、対外決済を念頭において、在「ドル化」国の市中銀行が「預金設定による貸出」を通じて預金通貨を創り出し、借り手が預金を決済手段として（すなわち、預金通貨を）使用するプロセスを検討する[9]。ここには、米ドルが国際通貨として世界各国における対外決済に使用されているなかで、在「ドル化」国の市中銀行によって創造される預金通貨は米ドルとの関係でどのような性格を持つのかという論点が鮮明にあらわれる。

再びバランスシートで考えてみよう（図表2-3）。ここでは、「ドル化」国内のXが輸入業者であり在「ドル化」国の市中銀行Aを取引先銀行、米国内のZが輸出業者であり在米銀行Cを取引先銀行としており、在米銀行Cが在「ドル化」国の市中銀行Aのコルレス先として想定される。念のためにふれておくと、在米銀行は米国国内に所在する銀行であることに注意されたい。

最初に、在「ドル化」国の市中銀行Aは、在米銀行Cから借入を行うことで、在米ドル預金を獲得している（①）。この取引を在米銀行Cの側から見ると、在米銀行Cは、米国中央銀行から中央銀行信用（「FRS信用」）を通じて調達した

図表2-3 「ドル化」国における対外決済を念頭においた預金通貨の動き

在「ドル化」国の市中銀行A				在米銀行C			
資産		負債・資本		資産		負債・資本	
在米ドル預金 100		借入（銀行C）100	①	FRS預け金 100		FRS信用 100	
				貸出（銀行A）100		預金（銀行A）100	
貸出（X） +90		預金（X） +90	②				
			③	輸出手形（X） +90		預金（Z） +90	
輸出手形（X） +90		債務（銀行C）+90	④	輸出手形（X） −90			
				債権（銀行A）+90			
輸出手形（X） −90		預金（X） −90	⑤				
在米ドル預金 −90		債務（銀行C）−90	⑥	債権（銀行A）−90		預金（銀行A）−90	
在米ドル預金 10		借入（銀行C）100	⑦	FRS預け金 100		FRS信用 100	
貸出（X） 90				貸出（銀行A）100		預金（銀行A） 10	
						預金（Z） 90	

中央銀行預け金（「ドル化」国の中央銀行預け金と区別して，以下では「FRS預け金」と表記）を現金準備として，「預金設定による貸出」を行って，在米ドル預金を創り出すことになる。このことを反映して，在「ドル化」国の市中銀行Aのバランスシートの資産側には「在米ドル預金」が100，負債側には「借入（銀行C）」が100，在米銀行Cのバランスシートの資産側には「FRS預け金」と「貸出（銀行A）」が各100とそれに対応して負債側には「FRS信用」と「預金（銀行A）」が各100計上されている。

　この時に，在「ドル化」国の市中銀行Aが，「預金設定による貸出」を通じて，借り手（X）に対して90の貸出を行う（②）。その結果として，市中銀行Aのバランスシートにおいて，資産側に「貸出（X）」が90増加し，負債側に「預金（X）」が90増加する。ここまでを，図表2-1の①および②と対比しながら整理すると，在「ドル化」国の市中銀行Aによって「ドル化」国内に90の預金通貨が創り出される点で共通している一方で，図表2-3では現金準備が中央銀行預け金ではなく在米ドル預金となっている点に注意されたい。

　さて，エクアドル，エルサルバドル，パナマでは有力な生産基盤が存在しないために国内で必要な財の大部分を輸入に依存していること，また，米ドルが国際通貨として世界各国における対外決済に使われていることを踏まえると，Xは対外決済に用いる目的で借入を行っている可能性が大きい。

　では，Xの対外決済は，どのように行われる（可能になる）のか。実体としての国際通貨ドルは米国の非居住者がコルレス勘定や本支店勘定を通じて在米銀行あるいは米国の銀行システム内に保有している一覧払のドル預金であり，国際通貨ドルの決済はそうした在米ドル預金の振替を通じて行われる。ここに考えるポイントがある。まず，図表2-3において，在「ドル化」国の市中銀行Aが「預金設定による貸出」を行っても，在米銀行Cのバランスシートには変化が全く起きておらず，在「ドル化」国の市中銀行Aの貸出によって創り出された預金通貨はその所在が米国ではなく「ドル化」国内である。また，「ドル化」国は米国と統合した決済制度を構築できず独自の国内決済制度を用いているために，言い換えれば，在「ドル化」国の市中銀行は（米国国内の銀行間決済に必要な）「FRS預け金」を直接的に保有できないために，在「ドル化」国の預金は在米ドル預金への直接的な振替をできない。

そのため,「ドル化」国内に創り出される預金通貨は,たとえ「米ドル建て」であっても,在米ドル預金への直接的な振替をできないために,「ドル化」国が対外決済を行う際には,「ドル化」国が保有している在米銀行のコルレス勘定や本支店勘定が用いられ,在米ドル預金が必要になる。在米ドル預金が不足した場合には,「ドル化」国の対外決済は,米ドル現金を現送する形で行われることになる。そして,「ドル化」国が対外決済を行うためには,在米ドル預金や米ドル現金を,あらかじめ保有しているか,輸出・移民送金の受取や対外借入,在米ドル預金や米ドル現金に交換可能な資産の取崩[10]といった各種の対外経済取引を通じて入手する必要がある。今回のケースでは,在米ドル預金は対外借入を通じて入手されている。見方を変えれば,「ドル化」国において,保有している在米ドル預金や米ドル現金の量によって対外決済の制約が発生することになる。

　Xの対外決済について,バランスシートに戻って考えてみよう(図表2-3)。ここでは,「ドル化」国内の輸入業者Xが,米国内の輸出業者Zから輸入を行い,代金の支払を行うとしよう。ただし,現実には,貿易取引の決済において,輸出業者が輸入業者から代金を取り立てる「逆為替」が用いられる。そのため,説明の流れは,「ドル化」国が米国から輸入する流れではなく,米国が「ドル化」国へ輸出する流れになり,図表もそれに対応した表示にしている。

　まず,米国内の輸出業者Zが輸出する段階である(③)。米国内の輸出業者Zは,輸出財を「ドル化」国へ向けて船積みし,船積書類のついた「輸出手形(X)」(振出人が米国内の輸出業者Z,支払人が「ドル化」国内の輸入業者X,受取人が在米銀行C)を振り出し,在米銀行Cに「輸出手形(X)」を買い取ってもらい資金を受け取る。このことによって,在米銀行Cのバランスシートにおいて,資産側では米国内の輸出業者Zから買い取った「輸出手形(X)」が90増加し,負債側では米国内の輸出業者Zの預金である「預金(Z)」が90増加する。これで,在米銀行Cと米国内の輸出業者Zの決済が完了する。

　次に,在米銀行Cは在「ドル化」国の市中銀行Aに取立を依頼するために輸出手形を送付する(④)。この取引によって,在米銀行Cと在「ドル化」国の市中銀行Aの間で債権債務関係が発生する。すなわち,在「ドル化」国の市中銀行Aのバランスシートにおいて,資産側では「輸出手形(X)」が90増加するとともに,負債側では在米銀行Cへの支払義務である「債務(銀行C)」が90増加

する。在米銀行Cのバランスシートの資産側において,「輸出手形 (X)」が90減少し,在「ドル化」国の市中銀行Aから支払を受ける権利である「債権 (銀行A)」が90増加する。

次いで,在「ドル化」国の市中銀行Aは輸出手形を「ドル化」国内の輸入業者Xに提示して支払を求め,Xは支払を行う (⑤)。在「ドル化」国の市中銀行Aのバランスシートにおいて,資産側では「輸出手形 (X)」が90減少するとともに,負債側では「預金 (銀行X)」が90減少する。ちなみに,図表には表示していないが,「ドル化」国内の輸入業者Xは,輸出手形を提示された際に受け取った船積書類を輸送業者に提示して輸入財を受け取ることになる。

最後に,在米銀行Cと在「ドル化」国の市中銀行Aの間の債権債務関係の解消,すなわち,銀行間決済が行われる (⑥)。在「ドル化」国の市中銀行Aは在米ドル預金を使って支払を行い,在米銀行Cは在「ドル化」国の市中銀行Aの預金を引き落とすことで支払を受ける。この取引を反映して,バランスシートが変化する。まず,在「ドル化」国の市中銀行Aのバランスシートでは,資産側の「在米ドル預金」が90減少するとともに,負債側の「債務 (銀行C)」が90減少する。また,在米銀行Cのバランスシートでは,負債側の「預金 (銀行A)」が90減少するとともに,資産側の「債権 (銀行A)」が90減少する。

この取引によって,銀行間の債権債務関係が解消され,銀行間決済そして対外取引の決済がすべて完了する。輸入代金の支払について,「ドル化」国内の輸入業者Xの目では在「ドル化」国の市中銀行Aによって創り出された預金通貨で行われたものと認識されるが,在「ドル化」国の市中銀行Aの立場から見れば在「ドル化」国の預金を在米ドル預金に直接的に振り替える形ではなく,保有している在米ドル預金を用いる形で行われている。

こうして,「ドル化」国において,市中銀行は種々の米ドル資産を現金準備として「預金設定による貸出」を通じて預金通貨の創造を行っている一方で,その際に創り出される在「ドル化」国の預金通貨は,たとえ「米ドル建て」であったとしても,在米ドル預金に振り替えて国際通貨ドルとして機能するわけではなく,振替範囲が「ドル化」国の内部に限定される「ドル化国の国内通貨」としての性格を帯びることになる[11]。

2 留意点

　在「ドル化」国の市中銀行の現金準備については，米ドル現金や中央銀行預け金に加えて，対外決済に使用できる在米ドル預金，場合によっては安全性と流動性の高い米ドル建て資産（たとえば米国債）も含めて考える必要がある。第2項では，こうした現金準備の保有形態が生じる要因に関わらせながら，在「ドル化」国の市中銀行が直面する「現金の漏れ」（現金準備の減少），そして，ジレンマを留意点として整理する。

　第1に，在「ドル化」国の市中銀行が直面する「現金の漏れ」についてである。「ドル化」国では，「現金の漏れ」が，現金での預金引出や他銀行への支払，財政資金の変動に加えて，対外取引を通じても生じる。個別銀行レベルでは，「自国通貨保持国」でも存在する他銀行への支払は，「ドル化」国でも預金通貨を通じた決済が行われているために銀行間決済にともなって生じる。個別銀行レベルと銀行システムレベルの両方において，①「自国通貨保持国」でも存在する現金での預金引出や財政資金の変動は「ドル化」国でより強く生じ，②対外取引は「ドル化」国で固有に生じる。

　まず，現金での預金引出についてである（上記の①の論点）。在「ドル化」国の預金通貨は需要の大きい米ドル現金への請求権となることから，借り手が，預金を米ドル現金で引き出す可能性が大きい。そのため，「自国通貨保持国」と比較して，「ドル化」国では「現金の漏れ」が多く生じると予想できる。

　また，在「ドル化」国の市中銀行の「現金の漏れ」の発生要因としては，財政資金の変動もある（上記の①の論点）。たとえば，「ドル化」国の国民や企業などが納税や国債購入を行う場合を想定してみよう。

　国民や企業などが米ドル（とくに米ドル現金や在米ドル預金）で納税や国債購入を行えば，その金額が中央銀行におかれている政府預金の口座に入金される。この場合には，市中銀行の現金準備は一切変化しない。

　しかしながら，国民や企業などが市中銀行に保有している預金（そのなかには市中銀行が「預金設定による貸出」を通じて創り出した預金も含まれる）を使って，納税や国債購入を行う場合もある。ところが，政府預金の口座は中央銀行におかれているために，市中銀行におかれている国民や企業などの預金口

座から政府預金の口座への直接的な振替はできない。

そのため，納税や国債購入を行う際に，国民や企業などは保有している預金通貨を減らし，市中銀行は納税や国債購入の金額に相当する中央銀行預け金を減らし，代わって中央銀行におかれている政府預金の金額が増加する（このことは，「自国通貨保持国」でも同様である）。こうして，最終的には，納税や国債購入は市中銀行保有の中央銀行預け金を使う形で決済されるために，市中銀行の現金準備が減少（「現金の漏れ」が発生）することになる。

さらに，対外取引にともなう「現金の漏れ」についてである（上記の②の論点）。在「ドル化」国の市中銀行の「預金設定による貸出」を通じて預金を入手した借り手が対外決済を行う際には，借り手の目では在「ドル化」国の市中銀行によって創り出された預金通貨を使うものと認識されるのに対して，市中銀行の立場から見ればこの預金通貨は対外決済には使用できないことから在米ドル預金か米ドル現金が使われるために現金準備が減少（「現金の漏れ」が発生）することになる。

第2に，在「ドル化」国の市中銀行が直面するジレンマである。2つのジレンマがある。

1つ目のジレンマは，在「ドル化」国の市中銀行によって創り出される預金通貨が，「ドル化国の国内通貨」としての性格を持っていても，借り手からは，米ドルと「ドル化国の国内通貨」の区別をすることなく，米ドルとして認識されてしまうことにある。角度を変えれば，「ドル化」国において米ドルが法貨として使用されているため，預金通貨が表面的には米ドルとみなされなければ「ドル化」政策は成立しなくなる。

そのため，対外取引を目的とする借入需要が発生する可能性や，借り手は借り入れた資金を対外決済に使う可能性が大きくなり，対外取引を通じた「現金の漏れ」は大きくなる。とくに，このことは，有力な生産基盤が存在せず財輸入を常に必要とする「ドル化」国の経済構造や，各種の対外取引に用いられる米ドルの性格によって強められる。

2つ目のジレンマは，在「ドル化」国の市中銀行が，多額の現金準備を必要としているにもかかわらず，現金準備の補填に困難を抱えていることにある。「ドル化」国において，市中銀行同士で資金を調整する短期金融市場が存在してい

るものの，とくにパナマでは短期金融市場が発展しているものの，米国中央銀行から資金供給が受けられず自国の中央銀行による資金供給には大きな制約がある。

こうした2つのジレンマによって，在「ドル化」国の市中銀行は，国内取引と対外取引の両方で生じる「現金の漏れ」に対応するために現金準備を保有する必要性や，「預金設定による貸出」を行う際にこれらのことを考慮に入れる必要性に直面することになる。万が一，「ドル化」国において，市中銀行保有の現金準備を超えた「現金の漏れ」が，個別銀行で発生すれば米ドル支払に応じきれなくなるために当該銀行は破綻し，銀行システム全体で発生すれば決済システムを維持できなくなるために「ドル化」政策は崩壊することになる。

そのため，高率の預金準備率を，当局によって課されていなくても[12]，在「ドル化」国の市中銀行が自主的に設定せざるをえなくなり，このことが在「ドル化」国の市中銀行の「預金設定による貸出」を通じた預金通貨の創造に対する大きな制約要因となる[13]。

以上のようにして，在「ドル化」国の市中銀行は，「ドル化」国に固有の現金準備の保有を迫られ，国内要因のみならず対外要因にも規定されて強い制約におかれるなかで，「預金設定による貸出」を通じた預金通貨の創造を行うことになる。

3 実証

第3項では，「ドル化」国における預金通貨の動向を，各種の通貨統計や金融機関のバランスシートに基づいて，データ面から実証的に検討していく。その際には，データの「読み方」[14]として前項までの内容を念頭におきながら，預金通貨の絶対額だけでなく，在「ドル化」国の市中銀行が「預金設定による貸出」を通じた預金通貨の創造をどの程度まで行っているのかにも注目する。

ここで焦点になるのが，「市中銀行保有の現金準備に対する在『ドル化』国の預金通貨の比率」である（図表2-5, 2-7, 2-9）。この比率は，「ドル化」国の一国全体を念頭においたうえで，事後的・結果的に測定される通貨データ（図表2-4, 2-6, 2-8）に基づいて，筆者が独自に計算したものである。

第3節 「ドル化」国における市中銀行の機能および預金通貨　45

図表2-4　エクアドルにおける通貨動向に関する基礎表

(年末, 単位：億ドル)

	2010年	2011年	2012年	2013年	2014年	2015年	2016年
流通現金	46.3	53.7	64.1	74.5	96.3	118.4	133.5
米ドル現金（流通部分）	45.5	52.9	63.3	73.7	95.4	117.5	132.6
独自現金通貨	0.8	0.8	0.8	0.9	0.9	0.9	0.9
電子マネー					0.00	0.01	0.04
広義の現金準備（市中銀行）	43.2	46.3	52.0	60.1	53.2	50.2	76.0
現金準備	19.0	21.0	29.8	42.6	37.7	32.5	62.7
米ドル現金（市中銀行保有）	6.8	7.7	9.9	10.3	12.4	12.8	15.3
中央銀行預け金	12.3	13.3	19.9	32.4	25.3	19.6	47.4
在外預金（市中銀行保有）	24.2	25.3	22.1	17.5	15.5	17.7	13.3
在「ドル化」国の預金通貨	175.6	211.8	244.9	276.0	304.8	278.1	328.3
一覧払預金	61.5	67.2	81.0	88.2	90.7	72.0	92.8
準通貨	114.1	144.6	163.9	187.8	214.1	206.1	235.5
メモランダム							
「中央銀行証券」						0.8	0.7
中央銀行預け金＋独自現金通貨＋電子マネー＋「中央銀行証券」	13.1	14.1	20.8	33.2	26.2	21.3	49.0
外貨準備残高	26.2	29.6	24.8	43.6	39.5	25.0	42.6

注1）準通貨は市中銀行におかれている貯蓄預金，定期預金，レポ勘定，カード決済用資金，その他預金から構成されている。
注2）本書で用いている図表において，表示していない小数点以下の数値を四捨五入しているため，数値に若干の誤差が生じている。
注3）「中央銀行証券」は，第3章第3節で見るように通貨ではないが，参考までに表示している。
注4）上記の注1と注2の事項は，以下の図表2-5も同じ。
出所）Central Bank of Ecuador公表資料より筆者作成。

図表2-5　エクアドルにおける「現金準備」に対する預金通貨の比率

(年末, 単位：倍)

	2010年	2011年	2012年	2013年	2014年	2015年	2016年
「現金準備」に対する預金通貨の比率							
預金通貨全体	9.2	10.1	8.2	6.5	8.1	8.6	5.2
一覧払預金	3.2	3.2	2.7	2.1	2.4	2.2	1.5
準通貨	6.0	6.9	5.5	4.4	5.7	6.3	3.8
「広義の現金準備」に対する預金通貨の比率							
預金通貨全体	4.1	4.6	4.7	4.6	5.7	5.5	4.3
一覧払預金	1.4	1.5	1.6	1.5	1.7	1.4	1.2
準通貨	2.6	3.1	3.2	3.1	4.0	4.1	3.1

出所）図表2-4を再構成して筆者作成。

　市中銀行保有の米ドル現金と中央銀行預け金の合計を「現金準備」，また，「現金準備」に市中銀行保有の在外預金を加えた合計を「広義の現金準備」としている。預金通貨は，一覧払預金と準通貨（貯蓄預金，定期預金など）に分類した

46　第2章　「ドル化」国における通貨概念

図表2-6　エルサルバドルにおける通貨動向に関する基礎表

(年末, 単位：億ドル)

	2010年	2011年	2012年	2013年	2014年	2015年	2016年3月
米ドル現金（市中銀行保有）	2.3	2.3	3.1	3.1	3.3	3.6	3.2
中央銀行預け金	12.8	11.8	11.4	13.4	24.0	24.7	24.8
在外預金（市中銀行保有）	5.0	2.5	1.7	2.6	2.5	2.0	2.7
「流動性証書」（市中銀行保有）	10.3	10.4	10.3	(10.3)	(10.3)	(10.3)	(10.3)
在「ドル化」国の預金通貨	95.1	94.2	95.2	99.1	98.1	103.4	105.1
一覧払預金	25.5	27.2	26.9	28.0	28.3	31.3	32.5
貯蓄預金と定期預金	69.6	67.0	68.3	71.1	69.8	72.2	72.6
貯蓄預金	27.5	28.5	28.9	28.5	26.9	28.0	28.6
定期預金	42.2	38.5	39.4	42.6	42.8	44.2	44.0
メモランダム							
中央銀行預け金＋「流動性証書」	23.1	22.2	21.7	23.7	34.3	35.0	35.1
外貨準備残高	28.8	25.0	31.7	27.4	26.9	27.9	32.4

注1）2016年は3月末時点のデータ。
注2）「流動性証書」は，採録可能なのが2012年10月末までである。そのため，2012年は同年10月末時点の数値を用いており，2013年以降は2012年の数値をそのまま用いている（該当箇所をカッコで囲って斜体にして表示）。
注3）定期預金には，（法的手段も含めて）引出に制限が課された預金も含む。
注4）上記の注1～3の事項は，以下の図表2-7も同じ。
出所）Central Reserve Bank of El Salvador公表資料，Superintendencia del Sistema Financiero de El Salvador公表資料より筆者作成。

図表2-7　エルサルバドルにおける「現金準備」に対する預金通貨の比率

(年末, 単位：「現金準備」関連は億ドル，「比率」関連は倍)

	2010年	2011年	2012年	2013年	2014年	2015年	2016年3月
「現金準備」	25.3	24.5	24.8	26.8	37.6	38.6	38.3
「現金準備」に対する預金通貨の比率（A）							
預金通貨全体	3.8	3.8	3.8	3.7	2.6	2.7	2.7
一覧払預金	1.0	1.1	1.1	1.0	0.8	0.8	0.8
貯蓄預金と定期預金	2.8	2.7	2.8	2.7	1.9	1.9	1.9
「現金準備（流動性証書を除く）」	15.0	14.1	14.6	16.5	27.3	28.3	28.0
「現金準備」に対する預金通貨の比率（B）							
預金通貨全体	6.3	6.7	6.5	6.0	3.6	3.7	3.7
一覧払預金	1.7	1.9	1.8	1.7	1.0	1.1	1.2
貯蓄預金と定期預金	4.6	4.7	4.7	4.3	2.6	2.5	2.6
「広義の現金準備」	30.4	27.0	26.5	29.4	40.0	40.5	41.0
「広義の現金準備」に対する預金通貨の比率							
預金通貨全体	3.1	3.5	3.6	3.4	2.4	2.6	2.6
一覧払預金	0.8	1.0	1.0	1.0	0.7	0.8	0.8
貯蓄預金と定期預金	2.3	2.5	2.6	2.4	1.7	1.8	1.8

出所）図表2-6を再構成して筆者作成。

第3節　「ドル化」国における市中銀行の機能および預金通貨　47

図表2-8　パナマにおける通貨動向に関する基礎表

(年末,単位:億ドル)

	2010年	2011年	2012年	2013年	2014年	2015年	2016年
「現金準備」(国内銀行への預金)	32.8	39.8	39.9	45.9	52.3	51.1	50.2
一覧払預金	6.0	6.5	7.2	6.4	9.4	9.1	9.4
定期預金	14.9	19.7	20.4	25.0	27.4	27.0	24.4
その他資産	11.9	13.6	12.4	14.5	15.4	15.0	16.4
「広義の現金準備」 (「現金準備」+在外預金)	126.3	127.4	135.7	161.2	194.6	187.6	189.6
在外預金	93.4	87.6	95.7	115.3	142.3	136.5	139.5
一覧払預金	32.8	36.8	37.9	59.3	64.5	66.0	59.5
定期預金	60.6	50.8	57.8	55.9	77.8	70.5	79.9
在「ドル化」国の預金通貨	249.0	260.6	302.9	325.0	354.7	380.2	395.1
一覧払預金	52.2	61.2	70.5	78.4	83.7	83.2	83.9
定期預金と貯蓄預金	196.9	199.5	232.4	246.6	271.0	297.0	311.2
貯蓄預金	59.8	65.7	76.2	80.4	89.8	95.6	98.6
定期預金	137.1	133.7	156.2	166.2	181.3	201.4	212.6
メモランダム							
外貨準備残高	39.8	38.2	26.3	30.3	42.3	41.4	47.4

注1)「現金準備」において,現金だけを取り出して表示することは不可。
注2)上記の注1の事項は,以下の図表2-9も同じ。
出所)Superintendency of Banks of Panamá公表資料より筆者作成。

図表2-9　パナマにおける「現金準備」に対する預金通貨の比率

(年末,単位:倍)

	2010年	2011年	2012年	2013年	2014年	2015年	2016年
「現金準備」に対する預金通貨の比率							
預金通貨全体	7.6	6.5	7.6	7.1	6.8	7.4	7.9
一覧払預金	1.6	1.5	1.8	1.7	1.6	1.6	1.7
貯蓄預金と定期預金	6.0	5.0	5.8	5.4	5.2	5.8	6.2
「広義の現金準備」に対する預金通貨の比率							
預金通貨全体	2.0	2.0	2.2	2.0	1.8	2.0	2.1
一覧払預金	0.4	0.5	0.5	0.5	0.4	0.4	0.4
貯蓄預金と定期預金	1.6	1.6	1.7	1.5	1.4	1.6	1.6

出所)図表2-8を再構成して筆者作成。

うえで,これらを合計している。そして,それぞれの預金通貨を,「現金準備」で割った数値を「『現金準備』に対する預金通貨の比率」,「広義の現金準備」で割った数値を「『広義の現金準備』に対する預金通貨の比率」とする。なお,「預金通貨の比率」と単に表記する場合には,「『現金準備』に対する預金通貨の比率」と「『広義の現金準備』に対する預金通貨の比率」の両方を含むものとする。

　もちろん,現実には,個別の市中銀行によって経営規模,現金準備の補填や

「現金の漏れ」の状況に相違が存在すること，「ドル化」国では「現金の漏れ」が「自国通貨保持国」以上に大きくなりえること，市中銀行の「預金設定による貸出」を通じた預金通貨の創造は現金準備以外の種々の要因によっても左右されることといった留意点はある。しかしながら，現金準備が市中銀行の預金通貨の創造や経営における原資になる点，そして，「預金通貨の比率」は種々の要因が反映された結果として創り出された預金通貨の特徴を現金準備との対応から把握できる点にも注目するべきである。

さて，上記で整理した各種の「預金通貨の比率」に基づき，エクアドル，エルサルバドル，パナマの3国で共通している事項を中心に，「ドル化」国における預金通貨の動向を見ておこう。対象時期は，紙幅の制限もあるため，原則として直近の7年間（2010年〜2016年）とする。

第1に，「預金通貨の比率」は，年による変動が大きく，「（広義の）現金準備」と逆方向に動いている時も存在している。このことは，「（広義の）現金準備」以外の要因も市中銀行の貸出行動に影響を与えていることを示唆している。

第2に，在「ドル化」国の市中銀行が，「預金設定による貸出」を通じて預金通貨を創造する際に，「（広義の）現金準備」を意識している動きも存在する。まず，「『現金準備』に対する預金通貨の比率」は，預金通貨全体と準通貨（貯蓄預金，定期預金など）では2倍強〜10倍と大きいが，一覧払預金では概ね1倍強から3倍の間で推移している。また，「『広義の現金準備』に対する預金通貨の比率」は，預金通貨全体と準通貨（貯蓄預金，定期預金など）では3倍〜5倍で推移しており，一覧払預金では1倍をわずかに上回る程度である。このことは，「ドル化」国において，対外取引への対応も視野に入れて，「（広義の）現金準備」を多めに持つ必要性のために，「預金設定による貸出」を通じた預金通貨の創造が限定的になっていることを示している。

第3に，エルサルバドルにおける「流動性証書（Liquidity Certificates）のなかの市中銀行保有部分」の取り扱いに注意しておく必要がある。「流動性証書（市中銀行保有）」は，第3章で詳しく取り上げるが，エルサルバドル中央準備銀行によって米ドル資産を見合いに発行され，市中銀行によって現金準備の一環として保有される証券である。

図表2-7では，それぞれの預金通貨を，「現金準備」で割った数値を「『現金

準備』に対する預金通貨の比率（A）」，「現金準備」から「流動性証書（市中銀行保有）」を除いた「現金準備（流動性証書を除く）」で割った数値を「『現金準備』に対する預金通貨の比率（B）」として表示している[15]。

ここからは，「『現金準備』に対する預金通貨の比率（B）」が「『現金準備』に対する預金通貨の比率（A）」よりも高くなっていることを読み取れる。このことには，「流動性証書（市中銀行保有）」の持つ機能が関係している。すなわち，「『現金準備』に対する預金通貨の比率（A）」は，「流動性証書（市中銀行保有）」を「現金準備」として組み込むことで「現金準備」が増える結果として低下している。この動きは，図表2-6および2-7には表示されていないが，「広義の現金準備」においても同様にみられる。そのため，「流動性証書（市中銀行保有）」が，市中銀行の「現金準備」を増強して，預金通貨の創造を促進する機能を持っていることになる。

こうして，「ドル化」国では，一定量の在「ドル化」国の預金通貨が存在しており，市中銀行が「預金設定による貸出」を行い「ドル化国の国内通貨」としての性格を持つ預金通貨を創り出している。その一方で，在「ドル化」国の市中銀行が「預金設定による貸出」を通じた預金通貨の創造を行う際には，各種の要因によって左右されながら，現金引出と対外取引の両方を通じて生じる「現金の漏れ」への対応を意識しているために，在外預金も含めた現金準備の動向が重要性を持っている。そのために，在「ドル化」国の市中銀行の「預金設定による貸出」を通じた預金通貨の創造は，国内要因と対外要因の両方に強く規定されることになる。

4　小括

在「ドル化」国の市中銀行は，国内要因と対外要因に左右され，各種の制約に直面しながら，種々の米ドル資産を現金準備として「預金設定による貸出」を通じて在「ドル化」国の預金通貨の創造を行っている。その際に創り出される在「ドル化」国の預金通貨は，米ドル建てであったとしても，流通範囲が「ドル化」国の内部に限定される「ドル化国の国内通貨」としての性格を持つことになる。

第4節 「ドル化」国における通貨概念

　第4節では，本章の結論として「ドル化」国における通貨概念を提示し，関連する論点として「ドル化」国における金利について検討する。

1　「ドル化」国における通貨の「概念上の区分」

　第1項では，「ドル化」国の中央銀行預け金のあり方にふれたうえで，「ドル化」国における通貨の「概念上の区分」を提示する[16]。
　最初に，「ドル化」国における中央銀行預け金について整理しておこう。「ドル化」国の中央銀行預け金は，市中銀行の機能に係る「ドル化」国の決済や通貨流通における役割，また，形成ルートの2つの角度から整理できる。
　まず，「ドル化」国の中央銀行預け金は，銀行間取引における決済の手段になるとともに，市中銀行の主要な現金準備となる。このことによって，在「ドル化」国の市中銀行は，①「預金設定による貸出」を通じて預金通貨を創造することが可能になるとともに，②非銀行部門に対して預金通貨を流通させる，つまり，国内決済機能を担えるようになる。こうして，「ドル化」国の中央銀行預け金は，「ドル化」国における決済そして通貨流通を支えるうえで極めて重要な役割を持っている。
　また，「ドル化」国における中央銀行預け金の形成ルートについて重要な指摘をしなければならない。「ドル化」国において，中央銀行による新規信用供与，すなわち保有外貨準備を上回る形での中央銀行預け金の供給が原則的に停止される点に，中央銀行預け金の独自性があらわれる。
　「自国通貨保持国」のケースでは，中央銀行預け金は，中央銀行による公開市場操作や貸出ファシリティまた自国通貨売・外貨買の外国為替市場介入を通じた市中銀行への資金供給によって形成される。
　それに対して，「ドル化」国のケースでは，中央銀行預け金は，対外経済取引によって獲得した種々の米ドル資産（米ドル現金，在米ドル預金，さらには安全性と流動性の高い米国債などの米ドル建て資産）を市中銀行が中央銀行に預

金することによって形成され，この時に中央銀行が獲得した米ドル資産は外貨準備となる。「ドル化」国の非銀行部門は米ドル現金や在米ドル預金のままでは国内決済に使うのに不便であることから小切手・手形を使用することとなり，在「ドル化」国の市中銀行は銀行間決済をスムーズに進めるために，「ドル化」国の中央銀行に中央銀行預け金として預金するインセンティブを持っている。

　最後に，最重要なこととして，「ドル化」国における通貨の「概念上の区分」を提示しておこう。「ドル化」政策によって当該国の国内取引のすべてが米ドル建てに移行し米ドルが法貨規定を持つために，使用される通貨のすべてが米ドルとみなされる必要がある。しかしながら，「ドル化」国における通貨を見る際には，形成ルートや流通範囲に応じて，米ドルと，「ドル化」国独自の存在形態（とくに，「ドル化国の国内通貨」）といった形で，通貨の「概念上の区分」をする必要がある。

　第1に，現金通貨についてである。現金通貨は，その流通において大部分を占める米ドル現金と，わずかな「ドル化」国の独自現金通貨から構成される。

　前者の米ドル現金は，米国通貨当局によって発行されるために，米ドルとなる。

　後者の「ドル化」国の独自現金通貨については，「ドル化」政策導入前の発行部分と「ドル化」政策導入後の発行部分が存在する[17]。まず，「ドル化」政策の導入後も，特定期間において，（「ドル化」政策導入前に発行された）現金通貨の一部が，米ドルと交換されることなく存続し続けている。また，「ドル化」国では，日常的に発生する現金取引や中央銀行自身の現金管理の便宜を図る目的で，（中央銀行が新規の信用供与を停止するために）外貨準備による裏付けや米ドルとの固定相場かつ無制限の交換を条件に独自現金通貨が発行されている。具体的には，1ドル未満の補助鋳貨として，エクアドルではセンターボ，パナマではバルボアが発行されている。

　第2に，預金通貨についてである。

　まず，「ドル化」国が用いる預金通貨としては，在「ドル化」国の経済主体が（対外決済をはじめとする在米銀行を経由する取引を行うために）在米銀行に保有している在米ドル預金がある。「ドル化」国にとって，在米ドル預金は，対外経済取引が唯一の獲得ルートとなる。

また,「ドル化」国が用いる預金通貨としては,非銀行部門が在「ドル化」国の市中銀行に保有している預金すなわち在「ドル化」国の預金もある。この部分については,改めて詳しく説明しておこう。

在「ドル化」国の預金通貨は,企業や個人が在「ドル化」国の市中銀行へ種々の米ドル資産(米ドル現金,在米ドル預金,さらには安全性と流動性の高い米国債などの米ドル建て資産)を預金して形成される部分と,在「ドル化」国の市中銀行が保有する種々の米ドル資産(中央銀行預け金を含む)を現金準備として行う「預金設定による貸出」を通じて創り出される「米ドル建て預金」から構成される。

在「ドル化」国の預金通貨は,借り手や預金者の目から見れば「米ドル資産」であり対外決済にも使用できるものと認識されているが,在「ドル化」国の市中銀行の立場から見ればそのままでは対外的には直接的な振替が不可能であり(在米ドル預金に振り替えられず)対外決済に使えない。在「ドル化」国の預金通貨が対外決済に使用されるためには,その預金が米ドル現金によって引き出されて現送されるか,在「ドル化」国の市中銀行が保有している在米ドル預金が使用されなければならない。

そのため,在「ドル化」国の市中銀行が「預金設定による貸出」を通じて創造する預金部分は,米ドル建てであっても,市中銀行の現金準備を超える規模で一斉に引き出されれば米ドルとの交換に応じられなくなるとともに,その流通範囲が「ドル化」国内にとどまる。こうして,在「ドル化」国の預金通貨は,「ドル化国の国内通貨」となる[18]。

以上のように,「ドル化」国において用いられる通貨は,現金通貨に関しては米ドル現金と「ドル化」国の独自現金通貨,預金通貨に関しては非銀行部門が保有している在米ドル預金と在「ドル化」国の預金通貨に区分できる[19]。そして,このことによって,①非銀行部門が保有する米ドル資産(米ドル現金,在米ドル預金,さらには安全性と流動性の高い米国債などの米ドル建て資産),②わずかに存在する「ドル化」国の独自現金通貨,③「ドル化国の国内通貨」としての性格を持つ在「ドル化」国の預金通貨といった形で,「ドル化」国における通貨の「概念上の区分」が提示される。そのため,「ドル化」国における通貨制度を見る際には,単なる量的規模だけに焦点を当てたり,マネタリーベースとマ

ネーストックの概念を「自国通貨保持国」と「同列」に機械的に適用するのではなく，通貨の「概念上の区分」を踏まえることが肝要になる。

2　「ドル化」国における金利

　「ドル化」国においてどのような金利体系が成立しているのか，とくに「ドル化」国の金利が米ドル建てになるなかで「ドル化」国の金利と米国金利がどのような関係にあるのかは，通貨制度の実態に密接に関連している。こうした問題意識に基づいて，第2項では，「ドル化」国における金利について検討する。

　「ドル化」国における金利の決定要因を考える際には，米ドル資産に係る諸金利と，「ドル化国の国内通貨」に係る金利をわけて考える必要がある。

　まず，米ドル資産に係る諸金利としては，「ドル化」国において行われる米ドル資産そのものの取引の金利に関わっている。具体的には，①中央銀行と市中銀行の関係においては，中央銀行が外貨準備を用いて市中銀行へ貸出を行う際の金利，市中銀行が種々の米ドル資産を中央銀行へ預金する際の金利，②市中銀行においては，市中銀行同士で現金準備を調整する銀行間市場金利，非銀行部門が市中銀行へ米ドル資産を預金する際の金利，市中銀行が非銀行部門へ米ドル資産そのものの貸出を行う際の金利，③そもそも「ドル化」国の一国全体で見た時に外国から米ドル資産を獲得する時の金利がある。

　それとは区別される金利として，在「ドル化」国の市中銀行が「預金設定による貸出」を通じて創り出す（あるいは貸し出す）「ドル化国の国内通貨」に係る金利がある。

　こうした米ドル資産に係る諸金利と，「ドル化国の国内通貨」に係る金利は，原理的に異なることに注目しなければならない。

　ここでは，在「ドル化」国の市中銀行が「預金設定による貸出」を通じて在「ドル化」国の預金通貨を創り出す主体であることに着目して，貸出金利に絞って，「ドル化」国における金利の決定要因を検討しておこう。

　最初に，米ドル資産に係る諸金利を通じた「ドル化」国の金利の決定要因についてである。在「ドル化」国の市中銀行が種々の形態で保有している米ドル資産を通じて，「ドル化」国の金利は基本的に米国金利に規定される。しかし，

現実には,「ドル化」国の金利を米国金利と同一化するだけの資金移動が必ずしも円滑に行われるわけではなく,また,「ドル化」国の金利は米国金利に完全に規定されるわけではない。この要因は3つに整理できる。

要因の1つ目は,「ドル化」国に課されるリスクプレミアムによって「ドル化」国の金利が高くなるために,また,金融市場に存在する歪みやエクアドルのケースでは通貨当局が政策的に行っている資本移動規制によって米国と「ドル化」国の間で裁定が十分に働かないために,「ドル化」国の金利は米国金利から乖離することにある。

要因の2つ目は,「ドル化」国をめぐる資金流出入の内実に関連する。パナマでは,国際金融センターとしての地位を反映して,各国の金利動向に敏感に反応する国際的な銀行間取引を通じた資金流出入が多くなっている。しかしながら,エクアドルやエルサルバドル(場合によってはパナマ)における資金流出入は,米国金利に敏感に反応する国際金融市場における短期取引だけでなく,各種の資本輸入,貿易黒字,移民送金の受取といった対外経済取引も多く存在するために,「ドル化」国の金利は米国金利から乖離することになる。

要因の3つ目は,当然のことながら「ドル化」国が米国の金融政策に参加できないこと,具体的には米国中央銀行の金融調節の対象になれないことにある。「自国通貨保持国」とくに先進国のケースでは,資金不足になった金融機関は短期銀行間市場で資金調達を行い,それでも調達できない金融機関や金融市場全体で資金不足が出現した際には中央銀行が誘導目標水準としている金利を実現するために資金供給を行うことで金利上昇が抑制される。ところが,「ドル化」国は米国中央銀行から直接的には資金調達をできないために,「ドル化」国の金利は,米国金利よりも高い水準になるとともに,米国金利から乖離することになる。

こうした諸要因によって,「ドル化」国における金利は,米国金利に規定されつつ,米国金利から乖離して独自の動きをするのである。

次に,在「ドル化」国の市中銀行によって創り出される(貸し出される)預金通貨に係る金利についてである。在「ドル化」国の市中銀行が創り出す預金通貨は「ドル化国の国内通貨」となるため,その金利は,「ドル化」国におけるインフレ率や景気の動向,国内経済活動,さらには対外経済取引とそれらにとも

第4節 「ドル化」国における通貨概念　55

図表2-10　米国と「ドル化」国における貸出金利

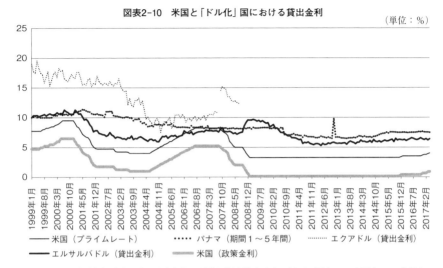

注1）「米国（政策金利）」は米国中央銀行の誘導目標水準を示す。以下の図表2-11と図表2-12も同じ。
注2）原データにおいて，エクアドルとエルサルバドルは貸出期間がとくに示されていない。
出所）IMF資料より筆者作成。

図表2-11　米国と「ドル化」国における預金金利

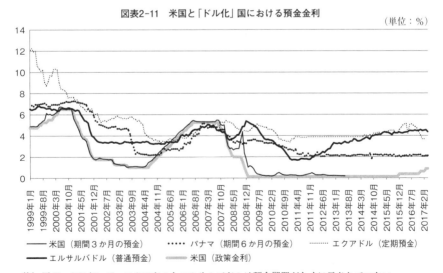

注）原データにおいて，エクアドルとエルサルバドルは預金期間がとくに示されていない。
出所）IMF資料より筆者作成。

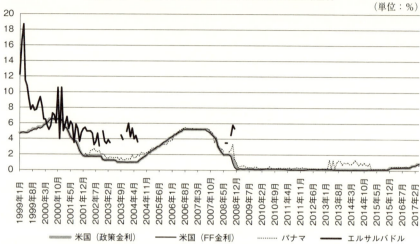

図表2-12　米国と「ドル化」国における短期銀行間市場金利

注）「米国（FF金利）」は米国の短期銀行間（FF）市場で成立している金利を示す。
出所）IMF資料より筆者作成。

なって変化する資金需給によって左右される「ドル化国の国内金利」としての性格を持っている。

このことを踏まえて、「ドル化」国における貸出金利を表示した図表2-10、また、参考までに預金金利と短期銀行間市場金利を表示した図表2-11と2-12を見てみよう。これらの図表は、米国の政策金利（誘導目標水準）、および、各図表に掲載している「ドル化」国の金利と同じ種類の米国金利を表示している。「ドル化」国の金利は、パナマの短期銀行間市場金利を例外とすれば、米国金利と必ずしも連動しておらず、各国独自の動きをしている[20]。こうした図表について、「ドル化」国における通貨の「概念上の区分」を踏まえた金利の「読み方」が重要になること、また、現実の金利の動きから「ドル化」国の金利の持つ性格が示される。

ここまでの内容で、「ドル化」国で成立している金利の持つ意味合いを整理できる。「ドル化」国の金利の決定要因としては、概念的には米ドル資産を通じた決定要因と、「ドル化国の国内通貨」に係る「ドル化国の国内金利」の決定要因が存在しており、現実には両者が組み合わさって一つの金利が成立する。そし

て，「ドル化」国の金利について，「ドル化」国の各部門が保有している種々の米ドル資産の金利を通じて，基本的に米国金利によって規定されながらも，①現実には「ドル化」国の金利と米国金利が十分に連動しない諸要因が存在しており，②「ドル化国の国内通貨」に係る金利は米ドル建てであっても「ドル化」国の独自事情によって決定される「ドル化国の国内金利」としての性格を持っている。そのため，「ドル化」国において成立している金利には，「ドル化国の国内金利」としての性格が強くあらわれる。

3　小括

　以上のように，国内決済および対外決済のあり方を念頭においた「ドル化」国における通貨の「概念上の区分」が，「ドル化」国における通貨制度を見る際の核心となる。

　より広く見れば，本章は，米ドルが法貨規定を持ち米ドル建て取引が行われる「ドル化」国が出現するなかで，米ドルとは何か，そして，「通貨」とは何か，「通貨」をどこで誰がどのように発行するのかといった通貨論における論点を改めて問うことにもなっている。

［注］
1）マネタリーベースやマネーストックの言葉を，「ドル化」国の文脈で取り上げる際には，「自国通貨保持国」のケースと区別するために，カギカッコをつけて「マネタリーベース」，「マネーストック」と表記する。
2）「ドル化」国自身や国際経済機関による公表資料や，在「ドル化」国の日本大使館やJETRO（日本貿易振興機構）による紹介では①の傾向が見られ，さらに，García-Escribano and Sosa［2011］，Honohan and Shi［2002］，Nicolo, Honohan,and Ize［2003］，Quispe-Agnoli and Whisler［2006］，Zamaroczy and Sa［2002］，松井［2012b］といった諸研究では①と②の方向性で議論が展開されている。
　　その一方で，統計作成のガイドラインとなるIMFの『通貨金融統計マニュアル』（2008年版，2016年版のともに第6章），『国際収支統計マニュアル』（第6版の第3章）は，米国の外で米ドル建ての「通貨」が創り出される可能性があるなかで，通貨の建値表示と実際の通貨機能に留意し，米ドルが自国通貨（National Currency）になるのは米国のみであること，また，居住性に着目して国内通貨（Domestic Currency）と外貨（Foreign Currency）に区分するべきことといった重要な指摘をしている。
　　こうしたIMFのマニュアルの内容は，本注の冒頭で見たことを踏まえれば，各種の議論において十分に意識されることはなかった。それに対して，本書は，IMFが統計作成の領域において行った

指摘を受け継ぎつつ,「ドル化国」について,決済のあり方を出発点にして通貨の創造プロセスや機能,そして,通貨制度まで視野を広げ,①理論的には通貨論の基本的な論点,②実証的には現地情報やデータを通じた具体的な動向を検討していく。角度を変えれば,本書の中核となる本章の議論は,IMFのマニュアルによって裏付けられるとともに,その内容をさらに発展させたことになる。

3)「ドル化」国において中央銀行が存在していることには,違和感があるかもしれない。しかしながら,事実として,エクアドルにはエクアドル中央銀行(英語名はCentral Bank of Ecuador,スペイン語名はBanco Central del Ecuador),エルサルバドルにはエルサルバドル中央準備銀行(英語名はCentral Reserve Bank of El Salvador,スペイン語名はBanco Central de Reserva de El Salvador),パナマにはパナマ国立銀行(英語名はNational Bank of Panama,スペイン語名はBanco Nacional de Panama)が,当該国の中央銀行(的機能を持つ金融機関)として存在している。
 「ドル化」国の中央銀行が持つ機能について,本章では決済をめぐる機能を中心に取り上げ,第3章で全般的な機能を取り上げる。

4)具体的には,「ドル化」国の中央銀行のバランスシート(第3章第2節第1項もあわせて参照されたい)を中心に,エクアドルはThe World Bank [2002] (Chap.3, Chap.4, Chap.7),エクアドル中央銀行ウェブサイト,エルサルバドルはエルサルバドル中央準備銀行によって公表された資料 *Functions, Payments System and Financial Services* (2012年3月16日付で公表),パナマはTelered, S.A. Panamaウェブサイトやパナマ銀行監督局ウェブサイトといった各種資料で適宜補足しながら,整理を行った。

5)一般的なイメージでは,「ドル化」国において,米ドルを法貨として用いているために預金通貨が創り出されているわけがないという指摘,逆に,中央銀行が新規の信用供与を原則的に停止することから国内で必要な通貨量を確保するために市中銀行によって多くの預金通貨が創り出されているはずだという指摘といった形で,全く正反対の指摘が出されることが予想される。本節では,こうした「疑問」(あるいは「誤解」)に応えることも視野に入れている。

6)本節の検討課題は「信用創造」論に関連する。「信用創造」は,初学者向けの入門書や教科書でも頻出の用語ではあるが,経済学の古典,たとえばHahn [1930], Keynes [1930a, 1930b] (とくに邦訳第Ⅰ巻第2章), Mill [1848] (とくに邦訳第三分冊第11章〜第13章), Schumpeter [1926] (邦訳上巻195-198頁,第3章とくに271-277頁)においても重要な論点として位置づけられている。「信用創造」論では,中央銀行や市中銀行の資金供給について,メカニズム,意義と限界,企業活動や国民経済,あるいは,実体経済や金融経済への影響をめぐる議論がなされてきた。この議論には,今日のシャドーバンキング論に代表されるように,各時期に様々なあらわれ方をして注目を集めた非銀行金融機関による通貨類似負債の創出(が可能なのか否か)も対象に加わることがある。
 「信用創造」論については,サーベイ文献として,①議論の変遷の整理,代表的な論者の紹介,議論全体の展望を行った鈴木 [1985], ②銀行機能の観点から検討を行った館 [1990], 近廣 [2016] (81-83頁), 吉田 [2002] (とくに第1章,第2章,第11章), ③マクロ経済論における通貨供給論の観点で整理した内藤 [2011], 近廣 [2014] を参照されたい。

7)一般的に,市中銀行の「預金設定による貸出」は,貸出側と借入側の相互作用,すなわち,①貸出を行う市中銀行側では,貸出の収益性や返済(逆に言えば不良債権化)の可能性,貸出余力の決め手となる自己資本や現金準備の状況,②借入を行う側では,事業計画の収益性やリスク,資金繰り,そして,これらに基づいて決定される借入需要がどの程度まで結びつくのかによって規定される。
 市中銀行の「預金設定による貸出」の規定要因については,①経済理論と,市中銀行および企業の現場の両面に着目している山口 [1997] (第1章), 山口 [2002] (第1章〜第2章), 山口 [2004] (第1章), 山口 [2011], 山口 [2015], 横山 [2015] (とくに第3章第3節), ②日本銀行における政策現場での経験に基づいた翁 [1993] (とくに第2章,第5章〜第7章), 翁 [1999] (147頁), 翁 [2011] (75-79頁), 白川 [2008] (第13章), 鈴木 [1980] (とくに第2章と第4章), 湯本 [2010] (95-105

注 59

8) 照会先については，次の通りである。1つ目が，在エクアドル日本大使館である。筆者は，2015年11月6日（日本時間，以下も同じ）に質問状を送付し，2015年11月17日に回答を得た。その際には，エクアドル中央銀行へ問い合わせた結果を踏まえてのご回答をいただいた。2つ目が，在パナマ日本大使館である。筆者は，2015年11月6日に質問状を送付し，2015年11月12日に回答を得た。3つ目が，パナマの銀行監督局（Superintendency of Banks of Panamá）である。筆者は，2015年11月10日に質問状を送付し，2015年11月13日に回答を得た。

　ご回答をいただいたことに記して感謝を示したい。なお，本書に存在しうる誤りは，本書の筆者に帰するものとする。

9) ここで鍵となることとして，国際通貨の概念については奥田［2010］（24頁），小西［2014］（95-97頁），「逆為替」を用いた対外決済については奥田［2010］（第1節）を参照して整理を行った。

10) 在「ドル化」国の市中銀行が，中央銀行預け金（中央銀行のバランスシート上では外貨準備によってカバーされている）を取り崩して，在米ドル預金や米ドル現金を入手する場合もある。この場合には，中央銀行の保有する外貨準備が減少するため，「ドル化」国全体の対外資産が減少することに変わりはない。

11) 在「ドル化」国の市中銀行Aは，本文において「ドル化」国の現地籍の銀行として想定されたが，たとえばシティバンクなどの米銀の在「ドル化」国支店になることも考えらえる。事実として，エクアドル，エルサルバドル，パナマでは，米銀（あるいは他の先進国の銀行）の支店が一定のシェアを占めている。

　ここからは，「ドル化」国に所在する米銀支店は，米国本国に所在する米銀本店との関係を持つことによって，米ドルの決済などにおいて現地籍の銀行とは異なる機能を持つのではないかという論点や疑問が出されることが予想される。米銀支店は，米銀本店とつながることによって資金調達面（現金準備の調達）では有利になるが，決済という点では，「ドル化」国の現地籍の銀行と変わらない。次のことをおさえておく必要がある。

　在米ドル預金の振替は，米国の銀行システムにおいて，最終的に米国中央銀行の預金口座（すなわち，中央銀行預け金としての「FRS預け金」）の振替を通じて行われる。言い換えれば，在米ドル預金の振替を行うためには，銀行間決済のために米国中央銀行に預金口座を保有する必要がある。このことによって，在米ドル預金が米ドルとして機能できるのである。

　ところが，在「ドル化」国の市中銀行は，たとえ米銀支店だとしても，米国中央銀行制度に直接的に加盟したり預金口座を保有できるわけではなく，米国との決済は米国本店との本支店勘定や他銀行の在米銀行とのコルレス勘定を通じて行う。他方，「ドル化」国に進出した米銀支店は，「ドル化」国の中央銀行に米ドル資産を預け入れることで，「ドル化」国の中央銀行預け金を設定して，「ドル化」国内の国内決済を行う。

　そのため，在「ドル化」国の市中銀行の全てが米銀支店だとしても，「ドル化」国で創り出される在「ドル化」国の預金通貨は，在米ドル預金への直接的な振替が不可能であることから米ドルとはならず，「ドル化」国内でのみ振替可能な「ドル化国の国内通貨」となる。

12) たとえば，エクアドルの法定預金準備率は，2015年11月時点で2％と低く設定されている。エクアドルにおける法定準備預金制度についての情報は，在エクアドル日本大使館よりご提供いただいた（日本時間の2015年11月17日付で回答を得た）。

13) 「ドル化」国において，市中銀行の「預金設定による貸出」を通じた預金通貨の創造が抑制される要因として，本文では「ドル化」国において強く生じる要因や固有に存在しうる問題を中心に取り上げているが，それに加えて，銀行貸出を受けることのできない層や預金口座を持てない層の存在，貸出が不良債権化しやすい状況，正規の銀行システム外での送金手段や金融業の発展といった発展途上国的な問題も存在する。

60　第2章　「ドル化」国における通貨概念

14) データの「読み方」そのものが「ドル化」国の通貨制度についての検討につながるため，本項では，図表自体についての説明も多くなっている。

　　預金通貨（さらには一国の通貨流通）の動向を見る際に，「自国通貨保持国」のケースでは，マネーストック（現金通貨＋預金通貨）やマネタリーベース（現金通貨＋中央銀行預け金），「信用乗数」（マネーストック÷マネタリーベース）がしばしば使われる。

　　一般的に，「信用乗数」は，高い時には預金通貨の創造が活発に行われていること，低い時には預金通貨の創造が低調になっていることを示す。その一方で，「信用乗数」を見る際には，留意しておくべきことがある（本章の注7に掲載した文献も参照されたい）。

　　「信用乗数」そのものは，マネタリーベースとマネーストックの因果関係を示しているわけではなく，あくまでも事後的・結果的に計上される通貨統計に基づいて計算されたものである。そのため，各種の経済活動を反映した結果として創り出されるマネーストックや預金通貨が，マネタリーベースや現金準備に対してどの程度存在しているのかを事後的に検証するために，「信用乗数」を使うのが妥当である。本項でも，通貨動向を事後的に検証する意味での「信用乗数」の着想を用いて，「ドル化」国における市中銀行の「預金設定による貸出」や預金通貨の動向を分析する。

　　ただし，分析する際に，本文で説明した「市中銀行保有の現金準備に対する在『ドル化』国の預金通貨の比率」を用いる理由は，「ドル化」国において，①一国に存在する米ドル現金全体の動向が統計的に明らかにならないこと，②現金準備として在外預金（在米ドル預金）も含める必要があること，③「自国通貨保持国」の「マネタリーベース」に相当する米ドル現金や在米ドル預金，中央銀行預け金の究極的な源泉は対外経済取引となるために「自国通貨保持国」と同じ概念では捉えられないことにある。

　　以上を踏まえて，ここでは，マネタリーベースを市中銀行保有の現金準備，また，マネーストックを在「ドル化」国の預金通貨にそれぞれ対応させることで，「市中銀行保有の現金準備に対する在『ドル化』国の預金通貨の比率」を指標として用いることにする。

15)「現金準備」について，「流動性証書」を含む場合と含まない場合を取り上げた理由にもふれておこう。

　　「流動性証書」が，「現金準備」として統計的に組み込まれているために，在エルサルバドルの市中銀行が行う「預金設定による貸出」を通じた預金通貨の創造に対して，どの程度まで影響を与えているのかを見る必要がある。その一方で，「流動性証書」は中央銀行預け金や米ドル現金とは異なる形態での「現金準備」となるために，「流動性証書」を取り除いた「現金準備」の動向も見ておく必要がある。

16)「ドル化」国で使用される現金通貨と中央銀行預け金の内実については，序章に示した「ドル化」政策の概念から明確であるために，本章の前までで特別なスペースを設けて検討を行わなかった。それに対して，在「ドル化」国の市中銀行の機能，また，在「ドル化」国の預金通貨については，検討するべき点が多かったために，第3節として一つの節を設けて検討を行った。

　　本節では，本章の結論にあたるため，前までで簡単に取り上げた部分も詳しく取り上げた部分も再度取り上げて，統合的に整理することにしたい。

17)「ドル化」国の中央銀行は，独自現金通貨と米ドルの交換に応じられるように，それに見合う外貨準備を保有している。

18) 在「ドル化」国の預金通貨は，米ドルへの請求権としての性格を持つことから，市中銀行保有の現金準備（米ドル現金や在米ドル預金の形態で保有されている）を上限として，米ドルの形で市中銀行から引き出される。そのため，在「ドル化」国の預金通貨は，「ドル化国の国内通貨」であるからといって，米ドルとの間に為替相場を形成するわけではない。

19) 念のために，「ドル化」国における通貨流通について，外貨準備に連動する部分と連動しない部分が存在することにもふれておこう。というのも，「ドル化」国において外貨準備が，不要になるとい

う指摘，逆に，通貨流通のすべてを規定するという指摘といった形で，全く正反対の指摘が出される可能性があるからである。ある所与の一時点を想定して説明しておこう。

まず，市中銀行の現金準備について，①原則として米ドル資産の預入を通じて形成される中央銀行預け金は外貨準備と強く連動するのに対して，②市中銀行が独自に保有している米ドル資産は中央銀行のバランスシート上には存在しないために外貨準備と必ずしも連動しないことになる。

また，現金通貨のなかで，①原則として「ドル化」国の独自現金通貨は米ドルとの交換性を担保されているために外貨準備と強く連動するのに対して，②「ドル化」国内に所在する米ドル現金は中央銀行を経由しない取引によっても増減するために外貨準備とは必ずしも連動しない。

さらに，在「ドル化」国の預金通貨は，やや複雑であり，①「ドル化」国の中央銀行預け金や独自現金通貨によってカバーされている部分は外貨準備と連動する一方で，②それ以外の部分は外貨準備と必ずしも連動しない。

整理し直せば，①中央銀行預け金，「ドル化」国の独自現金通貨は外貨準備と強く連動し，②中央銀行保有の米ドル現金や在米ドル預金は外貨準備そのものであるのに対して，③非中央銀行主体保有の米ドル現金や在米ドル預金は外貨準備とは必ずしも連動せず，④在「ドル化」国の預金通貨は外貨準備と連動する部分と連動しない部分が存在する。

なお，ある一時点ではなく特定期間を想定して，「ドル化」国の中央銀行が資金回収や（外貨準備を用いて）資金供給を行ったり，中央銀行預け金の預入や引出が発生すれば，中央銀行預け金，外貨準備，市中銀行保有の米ドル資産の量は変動するが，（対外取引が一切なければ）この場合にも米ドル資産の持ち手が変わるだけであり，「ドル化」国全体で保有されている米ドル資産の絶対量が変動するわけではない。

こうして，「ドル化」国における通貨流通について，外貨準備は，唯一の規定要因ではないこと，それでもなお，「ドル化」国の中央銀行の資金供給の原資になるために，さらには，中央銀行預け金の形成を通じて在「ドル化」国の預金通貨を維持するために重要な役割を持つことに留意する必要がある。

20)「ドル化」国の金利と米国金利の動向については，従来から研究が存在している。具体的には，Jácome and Lönnberg [2010] (pp.13-14)，Goldfajn and Olivares [2001] (pp.18-21)，Moreno-Villalaz [1999] (p.422)，小川 [2003] (92-93頁)，林・木下 [2014] (55頁)，山本 [1977] (121-122頁) がある。これらの先行研究の意義は，リスクプレミアムや裁定の不備に着目している点，また，統計データを用いて実際の金利動向を検討している点に見い出される。その一方で，「ドル化」国の金利を考える際には，本章で議論した諸点も考慮する必要がある。

第3章

「ドル化」国の中央銀行

第1節　問題の所在

　第3章では，「ドル化」国の中央銀行について検討する。
　最初に，「ドル化」国の中央銀行をめぐって，先行研究においてなされている議論を整理しておこう。一般的には，「ドル化」国の中央銀行が消滅するかのようにイメージされることが多い。「ドル化」政策をめぐる先行研究においても，「ドル化」国の中央銀行に焦点が当たっていない議論や，一般的なイメージをひきずった議論が散見される。その議論は，筆者なりに整理すれば，①「ドル化」政策導入にともなう「中央銀行消滅」論，②「ドル化」国の中央銀行が，保有資産および負債を他の機関に移転されてしまい，統計データ作成や金融規制に専念する機関へ転換するとの議論，③「国際金融のトリレンマ」論に依拠した「金融政策の自律性の喪失」論の3つに集約できる[1]。このように，「ドル化」政策をめぐる先行研究では，「ドル化」国の中央銀行がどのような機能を持っているのかが十分に問われておらず，その内実が検討されていない。
　しかしながら，「ドル化」政策の導入にともない中央銀行（的機能を持つ金融機関）が消滅するのか否かについては注意を要する。
　第1に，事実として，エクアドルにはエクアドル中央銀行（英語名はCentral Bank of Ecuador，スペイン語名はBanco Central del Ecuador），エルサルバドルにはエルサルバドル中央準備銀行（英語名はCentral Reserve Bank of El Salvador，スペイン語名はBanco Central de Reserva de El Salvador），パナマにはパナマ国立銀行（英語名はNational Bank of Panama，スペイン語名は

Banco Nacional de Panama）が，当該国の中央銀行（的機能を持つ金融機関）として存在している。

第2に，「ドル化」国は，米ドルを法貨として使用していても，米ドルを発行している米国中央銀行との関連において，①米国中央銀行のなかに入るわけではなく，②米国中央銀行の金融政策へ参加する権利を保持したり，米国中央銀行からの資金供給や救済の対象になるわけでもなく，「ドル化」国の中央銀行は当該国における独自の中央銀行として存在している。

本章では，「ドル化」国において独自の中央銀行が存在する事実を踏まえて，また，これらを十分に検討していない先行研究の動向に対置する形で，「ドル化」国であるエクアドル，エルサルバドル，パナマの中央銀行（的機能を持つ金融機関）について検討する。

ここでの論点は主に2つある。第1に，「ドル化」国の中央銀行について，第2章ですでに取り上げた銀行間決済の担い手としての機能を改めて取り上げるとともに，本章では機能全般にも視野を広げる。第2に，（結論の一部を先取りすれば）「ドル化」国の中央銀行は一程程度の機能を保持しているが，「ドル化」政策という文脈で捉えた時の問題，つまり，自国通貨が消滅するなかでの[2]中央銀行の機能的な限界のあらわれ方や，「ドル化」国の中央銀行が機能を発揮する（できる）対象を問う必要がある。

本章での具体的な検討方法として，3点についてふれておきたい。

第1に，中央銀行のバランスシートを用いた検討が中心となる。検討する際にバランスシートを用いる意義は，バランスシートには①中央銀行の行う活動が反映されているために機能を検討する手がかりが多く存在すること，②各国・地域や各時期の金融・経済情勢が反映されていることの2つに集約できる[3]。実際に，「ドル化」国の中央銀行のバランスシートは，「ドル化」国の状況に対応した独自の表示形式になっており，それに加えて，「ドル化」国のなかでも各国の中央銀行の持つ機能を反映して表示形式や計上されている項目に相違が存在する。

第2に，バランスシートだけでは十分に検討できない内容も存在するため，本章では，各種の公表資料や調査記録，関連する文献[4]を補足的に活用しながら（場合によっては批判的に取り上げながら）議論を進めていく。

第3に,「ドル化」国の中央銀行の機能あるいはそれが発揮される（できる）対象を考える際には，米ドル資産（米ドル現金,在米ドル預金,さらには安全性と流動性の高い米国債などの米ドル建て資産），わずかに存在する「ドル化」国の独自現金通貨,「ドル化国の国内通貨」としての性格を持つ在「ドル化」国の預金通貨といった形で,通貨の「概念上の区分」を念頭におく。

第2節　「ドル化」国の中央銀行の基本的機能

　第2節では,「ドル化」国の中央銀行の基本的機能を検討する。バランスシート（図表3-1〜図表3-3）を中心に検討すると，国内の通貨流通に関する機能，制約を抱えるなかでの国内資金量の調整,「政府の銀行」，外貨準備の管理・運用主体の4点がポイントとなる。
　なお，検討を行う際に，エクアドル中央銀行は2014年以降に出始めた注目するべき動きをつかむために複数年にわたる時系列のバランスシート，エルサルバドル中央準備銀行は公表資料の関係で2010年のバランスシート，パナマ国立銀行は採録できる最新年（2016年）のバランスシートを用いる。

1　国内の通貨流通に関する機能

　「ドル化」国の中央銀行は，国内の通貨流通に関する機能を保持している。
　第1に，現金をめぐる機能がある。バランスシートの負債側に「発行銀行券」の項目が存在しない点に,「ドル化」国の中央銀行が,「発券機能」を停止すること，また，米ドル現金の発行権限を持っていないことが反映されている。
　その一方で，バランスシートには，いくつか注目するべき点もある[5]。まず，エクアドル中央銀行に限っては,「独自現金通貨」の項目が存在している。エクアドル中央銀行は，米ドル現金の補助鋳貨では金額計算に困難を抱えている層が国内に存在していることや，米国から補助鋳貨を輸送するコストが高いことに対処するために，1ドル未満単位の独自の補助鋳貨としてセンターボ（centavo）を発行[6]している。センターボは，米ドルと等価であり，外貨準備

図表3-1 エクアドル中央銀行のバランスシート

(各年末, 単位：100万ドル)

資産	2012年	2013年	2014年	2015年	2016年	2017年4月末
資産総額	7,743.2	8,865.4	8,798.3	7,165.1	12,451.1	12,961.8
外貨資産	4,714.1	5,202.4	4,542.9	2,968.7	4,790.6	3,793.3
現金	244.2	360.4	361.0	434.6	357.7	470.7
外貨預金	2,078.6	2,761.7	2,556.8	1,085.4	2,759.4	1,575.0
外貨建て証券	0.0	430.0	514.9	439.3	736.7	200.1
貨幣用金	1,402.6	1,023.5	464.9	410.5	456.4	1,105.2
SDR	24.2	27.9	25.9	24.6	21.0	20.1
外貨建ての出資・持分	382.3	384.9	385.4	386.0	388.4	388.4
その他の外貨資産	582.2	214.0	234.2	188.3	71.0	33.8
金融機関向け債権・株式	2,065.7	2,693.6	2,485.5	2,124.7	2,051.5	1,990.2
市中銀行向け	568.1	599.2	484.7	388.9	318.6	305.2
その他の金融機関向け	1,497.6	2,094.4	2,000.8	1,735.7	1,732.9	1,685.0
金融機関に対する持分・出資金	0.0	0.0	0.0	0.0	92.5	92.5
対市中銀行	0.0	0.0	0.0	0.0	92.5	92.5
対その他の金融機関	0.0	0.0	0.0	0.0	0.0	0.0
国債	52.9	56.5	897.9	1,308.7	4,305.1	5,858.0
その他の金融資産	641.2	641.8	607.6	577.9	1,025.6	1,041.7
非金融資産	269.3	271.2	264.5	185.1	185.9	186.1
〔メモランダム〕						
外貨準備残高	2,482.5	4,360.5	3,949.1	2,496.0	4,258.8	3,236.1

負債・資本	2012年	2013年	2014年	2015年	2016年	2017年4月末
負債・資本総額	7,743.2	8,865.4	8,798.3	7,165.1	12,451.1	12,961.8
独自通貨	84.5	87.3	86.7	87.0	92.3	96.0
独自現金通貨	84.5	87.3	86.6	86.3	88.2	87.4
電子マネー			0.1	0.8	4.1	8.6
政府預金	3,255.4	3,184.4	3,593.6	2,634.9	3,949.0	5,006.6
金融機関の預け金	2,301.7	3,872.6	3,339.5	2,588.7	5,857.2	4,941.5
市中銀行の預け金	2,031.7	3,301.6	2,697.0	1,927.4	4,825.0	3,990.1
その他の金融機関の預け金	270.0	571.0	642.5	661.3	1,032.2	951.4
対非居住者債務	568.5	501.5	490.1	466.1	1,272.7	1,280.5
「中央銀行証券」				81.7	67.2	135.0
その他負債	2,275.0	2,300.2	2,372.7	2,483.5	2,164.6	2,674.2
資本金・再評価勘定	−741.9	−1,080.7	−1,084.2	−1,176.9	−951.9	−1,172.2
資本準備金など	960.8	625.2	612.8	447.9	644.6	710.4
再評価勘定	−1,702.7	−1,705.9	−1,697.0	−1,624.8	−1,596.5	−1,882.6

注1) 2017年は4月末時点のデータ。
注2) 外貨準備残高の統計とエクアドル中央銀行のバランスシートの外貨資産では，数値に乖離が見られた。そのため，メモランダムに外貨準備残高の統計値を参考表記。
出所) Central Bank of Ecuador公表資料より筆者作成。

第2節 「ドル化」国の中央銀行の基本的機能　67

図表3-2　エルサルバドル中央準備銀行のバランスシート

(2010年末, 単位：100万ドル)

資産		負債・資本	
資産総額	4,301	負債・資本総額	4,301
外貨準備	2,776	未回収コロン現金	5
利用可能な資産	560	預金と債務	1,760
金と外貨建て証券等	2,216	政府預金	331
貸付と受取勘定	297	政府機関預金	4
民間金融機関向け債権	105	金融機関預金	1,328
政府機関向け債権	192	その他プロジェクト向け資金	9
有価証券への投資	704	その他債務	89
国債	704	「流動性証書」	1,352
政府保証債	0	対外負債	587
To Bring in National Institution (国内機関への出資)	134	対外借入	154
To Bring in International Institution (国際機関への出資)	360	国際機関に対する負債	433
金属鋳貨	2	運営基金等	2
実物資産	18	その他負債	49
繰り延べ資産	4	資本・準備金合計	545
その他資産	4		

出所) Central Reserve Bank of El Salvador 公表資料より筆者作成。

図表3-3　パナマ国立銀行のバランスシート

(2016年末, 単位：100万ドル)

資産		負債・資本	
資産総額	10,412	負債・資本総額	10,412
流動性資産 (準備資産)	3,910	国内負債	9,618
国内銀行への預金	163	国内預金	9,377
一覧払預金	0	政府預金	7,410
定期預金	163	個人預金	1,036
在外銀行への預金	3,481	一覧払預金	299
一覧払預金	89	定期預金	132
定期預金	3,392	貯蓄預金	605
その他流動性資産	266	銀行預金	931
国内資産	5,595	一覧払預金	600
国内貸出	3,528	定期預金	332
国内有価証券	1,843	国内債務	0
その他国内資産	224	その他国内負債	240
対外資産	907	対外負債	34
対外貸出	0	外国からの預金	34
対外有価証券	898	その他対外負債	0
その他対外資産	9	資本金勘定	760

出所) Superintendency of Banks of Panamá 公表資料より筆者作成。

による裏付けを条件に発行される。また，「ドル化」国の中央銀行は，新規に発行した現金通貨や（特定の期間には）「ドル化」政策導入前に発行されて存続している現金通貨を，外貨準備で裏付けて米ドルとの交換を維持することで，独自現金通貨と米ドルの同一性を担保している。さらに，「ドル化」国の中央銀行は，米国の技術協力を得ながら米ドル現金の偽造対策に取り組むとともに，摩耗した米ドル現金から新品の米ドル現金への交換を外貨準備の範囲内で行っている。

第2に，中央銀行預け金をめぐる機能がある。バランスシートの負債側には，共通して，預金通貨を国内で流通させるために銀行間決済の手段として重要な役割を持つ中央銀行預け金が計上されている。具体的には，バランスシートの負債側において，中央銀行預け金は，エクアドルでは「金融機関の預け金」（とくに「市中銀行の預け金」），エルサルバドルでは「金融機関預金」，パナマでは「銀行預金」として表示されている。このことは，「ドル化」国の中央銀行が，中央銀行預け金の振替を通じた銀行間決済のシステムを提供・管理[7]していることを意味している。

「ドル化」国の中央銀行預け金の形成ルートには注意が必要である。「ドル化」国の中央銀行は，米ドルの発行権限を持たず，また，新規の信用供与（外貨準備を上回る通貨性負債の創出）を原則的に停止している。そのため，「ドル化」国の中央銀行預け金は，基本的には，市中銀行からの米ドル資産（とくに米ドル現金や在米ドル預金）の預入によって形成される。この時に「ドル化」国の中央銀行が獲得した米ドル資産は外貨準備となることから，「ドル化」国の中央銀行預け金は，外貨準備と密接な関係を持ち，対外経済取引を通じて獲得した米ドル資産が究極的な源泉となる。

こうして，「ドル化」国の中央銀行は，国内の通貨流通を担う機能を保持している。

2　制約を抱えるなかでの国内資金量の調整

「ドル化」国の中央銀行は，預金準備率操作，また，外貨準備の範囲内での行動を通じて，国内資金量の調整を行っている。

第1に,「ドル化」国の中央銀行は,準備預金制度[8]を通じて預金準備率を操作することで,在「ドル化」国の市中銀行の「預金設定による貸出」を通じた在「ドル化」国の預金通貨の創造に影響を与えることができる。ここでは,各国において独自に設定されている直接的な目的にもふれながら整理しておこう。

　まず,エクアドルの準備預金制度は,決済システムの円滑性を確保するために導入されている。Jácome and Lönnberg［2010］(p.23) によれば,時期は明示されていないが,エクアドル中央銀行によって設定されている法定預金準備率は当初は11％であったが後に4％まで引き下げられている。2015年11月時点の法定預金準備率は2％となっている。

　また,エルサルバドル中央準備銀行は,国民の預金を守るための重要な手段の一つであるとともに銀行システムへの規制と監督の一環として,流動性準備 (Requirements of Liquidity Reserves) という名称で準備預金制度を導入している。Jácome and Lönnberg［2010］(p.14, pp.24－25) によれば,流動性準備率自体は市中銀行のバランスシートの負債側の全預金に対して2003年6月の9％から2006年4月の3％という推移をたどっており,その形態には,運用対象となる資産,付利の対象,引出条件にバリエーションが存在する。エルサルバドル中央準備銀行が流動性準備に一定の付利を行っていることは,エルサルバドル中央準備銀行の損益計算書(後掲図表3-7)の「その他金融支出」において流動性準備に対する利子支払が含まれていることにも示される。

　さらに,パナマ国立銀行の下部組織であるパナマ銀行監督局(Superintendency of Banks of Panamá) が,パナマの「銀行法」第73条に基づいて35％を上限に預金準備率の設定および変更を行っていることを反映して,パナマ国立銀行はその準備預金の受入先となっている。預金準備率は,在パナマ銀行の3種類の免許,つまり,一般的な銀行業務を行う「一般免許」,国際的な銀行業務を専門とする「国際免許」,事務所のみを置く「事務所免許」のうちで,「一般免許」と「国際免許」を持つ銀行を対象に国内取引に対してのみ適用され,2008年8月から現在(ヒアリングを行った2015年11月時点)に至るまで30％となっている。

　第2に,外貨準備の範囲内での公開市場操作や貸出である。まず,エクアドル中央銀行は,外貨準備の範囲内に限定されるが,国債を保有することで公開

市場操作を行うとともに，金融機関向け債権が計上されていることから分かるように，流動性不足に陥った金融機関に対応するために貸出を行っている。なお，エクアドル中央銀行の国債保有は，2014年以降に増加しており，公開市場操作以外の目的も見られるようになっている（この点は第3節で後述）。また，エルサルバドル中央準備銀行は，外貨準備の範囲内で，とくに銀行システムに異変が生じた時に，公開市場操作や，市中銀行への貸出を行っている。このことは，図表3-2の資産側で国債や民間金融機関向け債権が計上されていることから示唆される。

なお，Jácome and Lönnberg［2010］(pp.15-16, pp.22-25) によれば，エクアドル中央銀行とエルサルバドル中央準備銀行は，「ドル化」政策導入後に市中銀行向け貸出を原則的に禁止されている。しかしながら，両行のバランスシートには市中銀行向け貸出に相当する項目（金融機関向け債権）が計上されており，禁止されているのは新規信用供与（外貨準備を上回る通貨性負債の創出）による貸出であるため，両行が市中銀行向け貸出を保有外貨準備の範囲内で行っている可能性は否定できない。

こうして，パナマ国立銀行は原則として準備預金制度の預金準備率操作にとどまる一方で，エクアドル中央銀行とエルサルバドル中央準備銀行は預金準備率操作に加えて，（外貨準備の範囲内で）公開市場操作や貸出を行い，（利用可能な）国内資金量の調整を行っている。

3　「政府の銀行」

「ドル化」国の中央銀行は，「政府の銀行」としての機能を保持している。具体的には，「ドル化」国の中央銀行は，政府に対して経済政策の助言や情報提供，政府機関向け債権の保有に見られるように（外貨準備の範囲内での）貸出を必要に応じて行う[9]とともに，政府預金（バランスシートの負債側）の保有に見られるように政府の財務代理人として，財政資金の出納事務や政府の資金繰り管理を行っている。

「政府の銀行」としての機能について，政府預金を中心に掘り下げておこう。

まず，政府預金の規模に注目しておく必要がある。政府預金は，エルサルバ

ドル中央準備銀行のバランスシートでは小規模にとどまるが，エクアドル中央銀行のバランスシート（2016年末）では負債・資本総額の124億ドルに対して約40億ドルであり32％のシェアになっており，パナマ国立銀行のバランスシートでは負債・資本総額の104億ドルに対して74億ドルであり71％のシェアとなっている。このように，政府預金は一定の規模を持っている。

また，政府預金は，中央政府に加えて，公的非金融セクター，社会保障基金，地方政府の預金も含んでおり，「ドル化」国の中央銀行は広く公的部門の経済活動の決済に関わるために，財政資金の変動は，中央銀行預け金と預金通貨の動向に影響を及ぼす。たとえば，国民や企業などが在「ドル化」国の預金通貨で納税や国債購入を行う際に，まず，国民や企業によって保有されている預金通貨が減少し，その後で市中銀行保有の中央銀行預け金が政府預金に振り替わる形で決済される。そのため，公的部門の決済に関わる政府預金は規模が大きいことから，その変動は，中央銀行預け金（つまり，市中銀行の現金準備），預金通貨に大きな影響を与えることになる。

こうして，「ドル化」国の中央銀行は，政府の経済活動の決済を担うとともに，国内通貨流通にも影響を与える形で，「政府の銀行」として重要な機能を保持している。

4　外貨準備の管理・運用主体

「ドル化」国の中央銀行は，外貨準備の管理・運用主体としての機能を持っている。

最初に注意しておくべきなのは，「ドル化」国において，中央銀行が新規の信用供与を原則的に停止するために，中央銀行預け金は，市中銀行による米ドル資産の預入によって形成（＝外貨準備の増加）され，必要に応じて市中銀行によって米ドル資産で引き出される（＝外貨準備の減少）ことである。そのため，「ドル化」国において，外貨準備を保有する必要性が，しばしば先行研究や通説的な見方では「ドル化」政策導入にともない消滅すると考えられているが，現実には必然的に存在することになる。

次に，外貨準備残高とその運用形態を整理しておこう。外貨準備残高の統計

データと中央銀行のバランスシートの外貨資産（準備）では，外貨準備の保有主体やデータの取り扱いの相違によって，乖離が見られるが，トレンドはほぼ一致しているために，残高そのものは統計データ，その保有形態はバランスシートで把握することにしたい。

まず，エクアドルでは（図表3-1のメモランダムおよび前掲図表2-6），2010年〜2012年の20億ドル台→2013年と2014年の40億ドル前後→2015年の20億ドル台→2016年の40億ドル台と，増加局面と減少局面の波を持ちながら，一定水準が維持されている。エクアドルの外貨準備（図表3-1の外貨資産の項目）は，運用収益を獲得できる外貨建て証券に加えて，流動性が高くて直ちに決済に使える形態，すなわち，現金や在外預金で保有されている。

また，エルサルバドルの外貨準備全体の金額（前掲図表2-6のメモランダム）は，25億ドル〜30億ドルの水準で推移している。エルサルバドルの外貨準備がどのように運用されているのかは十分に明らかにならないが，エルサルバドル中央準備銀行が各種の事態に対応できるように外貨準備の価値を維持して利用可能性を高めることを目的にしている点[10]から，流動性の高い現金や在外預金で運用されていると判断できる。

さらに，パナマでは（前掲図表2-8のメモランダム），外貨準備が，おおむね30億ドル〜40億ドル台で推移している。図表3-3の流動性資産を見ると，パナマの外貨準備は，在外銀行への預金で運用されており，大部分が定期預金であるが，対外決済用に一覧払預金でも運用されている。

最後に，「ドル化」国の外貨準備の運用形態の性格について整理しておこう。「ドル化」国のケースでは，「自国通貨保持国」のケースと同様に，金融収益を得られる外貨建て証券や預金で運用されている外貨準備も多く存在する。その一方で，「ドル化」国の状況に対応した外貨準備の保有形態も見逃せない。まず，「ドル化」国の外貨準備は，国内での中央銀行預け金に対する米ドル現金での引出に応じるために収益を生まず保管コストのかかる現金で一定量保有される必要がある。また，「ドル化」国の外貨準備は，中央銀行預け金が市中銀行によって対外決済目的で引き出される事態に対応するために，流動性の高い形態で保有されている。

こうして，「ドル化」国の中央銀行は，国内で発生する現金需要に対応するた

めに米ドル現金で，また，対外決済用に在外預金で，すなわち，中央銀行預け金に対して国内流通と対外決済の両方で生じる引出に対応できる形態で，一定量の外貨準備を保有している。

5　小括

以上のように，「ドル化」国の中央銀行は，自国通貨が消滅するために限界や留意点を抱えながら，国内の通貨流通に関する機能，（利用可能な）国内資金量の調整，「政府の銀行」としての機能，外貨準備の管理・運用を中心に一定程度の中央銀行機能を保持している。

第3節　個別国における独自機能

「ドル化」国の中央銀行について，前節では3国に共通する基本的機能を検討してきたが，本節では個別国の相違としてエクアドル中央銀行とエルサルバドル中央準備銀行の独自機能を検討する。

1　エクアドル中央銀行の独自機能

エクアドル中央銀行が「ドル化」政策下においても存続していることは，筆者以外にも，木下直俊氏（林・木下［2014］，木下［2015,2017］）によって議論されている。具体的には，現地の日本大使館への勤務経験に基づく丹念な現地調査を踏まえて，エクアドル中央銀行による独自の「金融政策」，また，エクアドル中央銀行によって発行された電子マネーや「中央銀行証券」が検討されている。そこでは，ポピュリスト型の政策志向を持つために人気を集めて2007年1月に政権に就いたラファエル・コレア大統領の下で，2008年に制定された新しいエクアドル憲法や2014年に発効された「通貨金融基本法」に基づいて，エクアドル中央銀行は，政策の実行主体としての役割を保持する一方で，政策の決定権限がエクアドル政府へと移り，「独立性」を失ったことも念頭に置かれて

いる。

　第1項では，こうした木下氏の研究に依拠しつつ，筆者の視点を交えながら，エクアドル中央銀行の独自機能を検討していくことにしたい。

（1）規制を通じた「金融政策」

　エクアドル中央銀行は，規制を通じた「金融政策」を行っている。(1)では，林・木下［2014］の議論を筆者なりに補足や注釈を加えながら整理することで，検討していこう[11]。林・木下［2014］によれば，エクアドル中央銀行は2つの手段を用いている。

　1つ目が，市中銀行が貸出を行う際の金利に対する上限設定を通じた金利の管理，すなわち上限金利を設定する形での「金融政策」である。エクアドル中央銀行は，図表3-4に示したように，市中銀行の貸出対象をセグメントおよびセクターに分けたうえで，これらの区分に基づいた上限金利を設定している。実際に，林・木下［2014］の指摘に基づいて筆者が作成した図表3-5によれば，エクアドルの実勢金利は，上限金利によって画される形で推移している。

　2つ目が，エクアドル国内からの資本流出に対する規制を通じた「金融政策」である。具体的には，エクアドル国内から外国への送金に課税する「外国送金

図表3-4　エクアドル中央銀行による金利区分

1．事業会社向け（Productivo）セグメント 　大企業向け貸出（Corporativo）セクター：年商と貸出がともに100万ドル以上 　企業向け貸出（Empresarial）セクター：年商と貸出がともに20万ドル以上100万ドル未満 　中小企業向け貸出（PYMES）セクター：年商と貸出がともに20万ドル未満
2．消費者向け（Consumo）セグメント
3．マイクロクレジット（Microcredito）セグメント 　大型（Acumulacion ampliada）セクター：年商1万ドル以上，貸出10万ドル未満 　普通（Acumulacion simple）セクター：年商3000ドル以上1万ドル未満，貸出10万ドル未満 　小型（Minorista）セクター：年商3000ドル未満，貸出10万ドル未満
4．住宅向け（Vivienda）セグメント

原データ）Central Bank of Ecuador公表資料。
出所）林・木下［2014］の図表7（53頁）より筆者作成。なお，同文献では，マイクロクレジットの小型の部分を「年商10万ドル未満」，「貸付3000ドル以下」との表記がなされているが，正確には「年商3000ドル未満」，「貸付10万ドル未満」と思われる。そのため，図表3-4では，この点を修正している。

第3節　個別国における独自機能　75

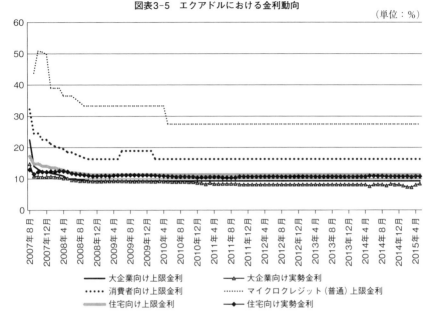

図表3-5　エクアドルにおける金利動向
（単位：％）

凡例：大企業向け上限金利／大企業向け実勢金利／消費者向け上限金利／マイクロクレジット（普通）上限金利／住宅向け上限金利／住宅向け実勢金利

注）実勢金利は，大企業向けと住宅向けのみ表示。また，中小企業向け，企業向け，マイクロクレジット（大型および小型）は金利自体を表示していない。
出所）林・木下［2014］の図表8（54頁）を参考にして，Central Bank of Ecuador公表資料より筆者作成。

税」，また，保有資金の特定量をエクアドル国内で運用することを市中銀行に対して義務付ける「国内留保率規制」が導入されている。資本移動規制は，一般的にはそれ自体を金融政策としてみなされることはないが，林・木下［2014］によれば，エクアドルにおいて，（不足しがちになる）資金を国内にとどめる役割を持っているために「金融政策」の一部ということになる。

林・木下［2014］の貢献は，エクアドルが「ドル化」国という独自事情のなかで（先進国とは異なる形になるが）試行錯誤をしながら「金融政策」を講じている事実を「発見」した点にある。

しかしながら，林・木下［2014］では十分にふれられていないが，当然，留意点もある。まず，金利管理において，資金の供給・回収を通じて実現[12]している「自国通貨保持国」と，資金供給に大きな制約を抱えているために規制を通じて

実現しているエクアドルでは、大きな相違がある。また、エクアドル中央銀行が米ドルの発行権限を持たないことや、種々の米ドル資産の金利を規定する米国金利が米国中央銀行の金融政策や世界的な資金需給の動向によって決定されることから、エクアドル中央銀行は市中銀行の現金準備に関連する種々の米ドル資産の金利を管理できるわけではない。そのため、エクアドル中央銀行による金利管理の対象は、あくまでも「エクアドルの国内通貨」に係る「エクアドルの国内金利」となる。

(2) エクアドルの電子マネー

　エクアドル中央銀行は、電子マネーを発行している。このことは、図表3-1では、負債側の「電子マネー」の項目に示される。エクアドル中央銀行は、電子マネーについて、2014年12月に口座開設業務を、2015年2月に決済業務を、それぞれ開始した。電子マネーの発行残高は、2015年までは100万ドルに満たない金額であったが、2016年末に400万ドルとなり、2017年4月末時点では860万ドルに達し、次第に増加していった。

　(2) では、エクアドル中央銀行の電子マネーについて検討しよう[13]。

　最初に、エクアドルに限らず、広くなされている議論を紹介しておきたい。中央銀行による電子マネーの導入は、情報技術（Technology）を活用した金融活動（Finance）であるフィンテック（FinTech）への期待や関心が高まるなかで、世界的に議論の対象になっている。

　「自国通貨保持国」における中央銀行の通貨発行では、中央銀行預け金は市中銀行によって保有されること、また、現金通貨は市中銀行をいったん経由して非銀行部門にわたること、そのために金融政策（金融調節）の直接的な対象は市中銀行となることが、従来より想定されてきた。

　ところが、中央銀行が電子マネーを発行するようになれば、この想定が変化する可能性が議論されている。まず、中央銀行自身が電子マネーの振替による決済を担うことで、非銀行部門が中央銀行預け金を直接的に保有するのに類似した状況が生まれる可能性がある。また、金融政策の運営において、金融調節の際に対象とする資金が電子マネーになることを通じて、あるいは、電子マネーへの付利やその水準の変更を通じて、非銀行部門が金融政策の直接的な対

象になる可能性もある。こうして，中央銀行の電子マネーをめぐる議論は，通貨や決済，金融政策のあり方といった金融論における基本的な論点を改めて問い直すことにつながっている。

　エクアドルにおける電子マネーの導入は，中央銀行によって行われた点で世界初の試みであり，しかも，「ドル化」国の中央銀行によって行われたために，注目を集めている。エクアドルの電子マネーの概要は次のように整理できる。

　エクアドルの電子マネーは携帯電話を通じて使用される。使用者は，口座を開設したのちに電子マネー取扱金融機関や加盟店で米ドル現金を入金することで電子マネーを受け取り，取引の際に各種の必要事項を携帯電話で入力することで電子マネーを決済手段として使用する。電子マネーは，電子マネー取扱店における購入代金の支払，個人間での送金，納税や公共料金といった対政府向けの支払に利用可能になっている。電子マネーは，米ドルと等価であり，米ドル現金へ自由に換金可能である。

　エクアドルの電子マネーの登場は，物理的に存在して盗難のリスクや運搬の手間のある現金通貨や，銀行口座を持たずアクセスできない層の多い預金通貨に代わって，携帯電話で使用できる電子媒体の決済手段が中央銀行によって発行されるようになったことを意味している。

　第2章で提示した「ドル化」国における通貨の「概念上の区分」という視点からは，エクアドルの電子マネーを次のように整理できる。

　第1に，エクアドルの電子マネーは，エクアドルの電子マネーが米ドル現金の入金以外には形成ルートを持たず，一度発行されれば外貨準備によって裏付けられることになり，対外経済取引を通じて獲得した米ドル現金が究極的な源泉となる。このことは，電子マネーが，米ドル現金の入金によって発行されることから判断できる。そのため，エクアドル中央銀行は，電子マネーを発行していても，新規の信用供与（外貨準備を上回る通貨性負債の創出）を原則的に停止していることになる。

　第2に，エクアドルの電子マネーは，米ドル現金への換金が保有外貨準備の範囲内に限定されるとともに，それ自体では直接的な流通範囲が国内に限定されるために，「エクアドルの独自電子通貨」としての性格を持っている。

　第3に，「ドル化」政策の持続可能性をめぐる論点である。エクアドル中央銀

行による電子マネーの発行に対しては，「ドル化」政策からの「離脱」の兆候としての見方が出されることが予想される。しかし，現時点において，エクアドルの電子マネーは，その発行条件には米ドル現金の入金や外貨準備の裏付けがあり，流通の便宜向上という側面が強いために「ドル化」政策を補完する要因となる。

その一方で，電子マネーの発行をめぐる木下氏の次の指摘は注目に値する。エクアドル中央銀行は「通貨金融基本法」に基づいて外貨準備の裏付け無しの電子マネー発行を禁止しているが，このことは政策決定権限を握るエクアドル政府によって修正される可能性がある。

まず，エクアドル政府のなかでは，生活補助金や年金，公務員給与の支払を電子マネーで行うことが検討されており，（外貨準備の裏付け無しで発行された）電子マネーを利用した財政支出が行われる可能性が存在する。

また，「通貨金融基本法」において，電子マネーの発行は外貨準備による裏付けを条件とする旨が明記されているにもかかわらず，公開市場操作に関する事柄は明記されておらず，公開市場操作において証券（たとえばエクアドル国債）を購入する見返りに電子マネーが発行される可能性も存在する。

こうした木下氏の指摘からは，エクアドル中央銀行が，財政支出や公開市場操作にともなう電子マネー発行を通じて新規の信用供与（外貨準備を上回る電子マネーの形態をとった通貨性負債の創出）を行い，「ドル化」政策の枠組みから外れる可能性が存在していることが示唆される。

(3) エクアドルの「中央銀行証券」

（3）では，より注目するべき動きとして，エクアドル中央銀行によるエクアドル国債の直接購入，そして，それに深く関連する「エクアドル中央銀行証券 (Titulos del Banco Central del Ecuador)」の発行について検討しよう。エクアドル中央銀行はエクアドル政府からエクアドル国債を直接的に購入しており，エクアドル中央銀行のバランスシートの資産側における国債保有残高は，2014年末の約9億ドル，2015年末の13億ドル，そして，2016年末の43億ドルへと急拡大している。

国債購入は，2つのルートで行われる。1つ目に，外貨準備を用いた購入

ルートである。このルートでは，エクアドル中央銀行のバランスシートの資産側において，外貨準備が減少して国債が増加する。2つ目に，「中央銀行証券」の発行を通じたルート，具体的には，エクアドル中央銀行が「中央銀行証券」を発行して国債の購入代金とするルートである。このルートでは，エクアドル中央銀行のバランスシートにおいて，資産側で国債，負債側で「中央銀行証券」が同時に増加する。

　エクアドル中央銀行のバランスシートで確認すると，「中央銀行証券」の発行残高（図表3-1）は，2015年末に約8200万ドル→2016年末に6700万ドル→2017年4月末時点で1億3500万ドルと推移しており，時期による変動が見られ，バランスシートに占めるシェアも小さい。言い換えれば，国債購入は，大部分が外貨準備によって行われている。

　しかし，「中央銀行証券」に注目しておく必要がある。「中央銀行証券」の概要は，いくつかの角度から整理できる[14]。まず，エクアドル政府は，国債の販売代金として受け取った外貨資金のみならず「中央銀行証券」を財政資金の支払にあてることになる。また，「中央銀行証券」は，満期360日のゼロクーポン債となっている。さらに，「中央銀行証券」は，非政府部門同士の取引で使われることなく，公共料金支払や納税といった対政府取引にだけ利用され，換金化するルートは満期を待つ以外には証券取引所で額面よりも若干割安な価格で売却するのみである。証券取引所における「中央銀行証券」の買い手は公表されていないが，エクアドル政府が1％～2％の割安な価格で購入（買い戻）している可能性が存在している。こうした諸点の結果として，大手事業者は対政府の支払のために「中央銀行証券」を保有するインセンティブあるいは余裕を持っているが，小規模事業者は資金繰りのために「中央銀行証券」を割安な価格で売却せざるをえなくなっている。

　本書の視点から，「中央銀行証券」について整理しておこう。

　第1に，「中央銀行証券」は，エクアドル中央銀行が国債を購入する見返りに発行され，つまり，裏付けとなる資産が外貨準備ではなく国債であるために，また，（証券であるにもかかわらず）政府によって決済手段として使用されるために，実質的には，中央銀行による対政府の信用供与となっている。

　第2に，「中央銀行証券」は，非政府部門からすると，付利対象とならず，そ

れ自体は決済手段として機能しないうえに現金化には特定の条件が付くことから，米ドルでの支払を即座に受けることはできなくても，政府から受注したいがために，消去法的に「中央銀行証券」で受け取らざるをえなくなっている。

第3に，「中央銀行証券」の今後の行方についてである。「中央銀行証券」は，非政府部門の保有インセンティブが低く経済的合理性を欠いているために，国家権力を背景とする「強制力」をもってしても，多額に発行されることは困難である。

その一方で，「中央銀行証券」が，「ドル化」政策の持続可能性への懸念要因となる可能性もある。そもそも，エクアドル中央銀行が国債購入の際に「中央銀行証券」を発行していること自体が，国債の市中消化が十分に進んでいない事態，さらには，双子の赤字（経常収支赤字と財政赤字）の深刻化を示唆している。もし経常収支が黒字であれば，非政府部門の米ドル資産増加によって国債購入が可能になり，非政府部門の黒字が政府部門の赤字をファイナンスするため，エクアドル中央銀行が「中央銀行証券」を発行する必要はないのである。

将来的には，「中央銀行証券」について，財政支出の資金源として用いるために，法貨規定を与えて非政府部門同士の取引にも使えるようにすることで，保有インセンティブを高めて発行しやすい状況が作り出される可能性もある。しかし，この場合には，国債を裏付けに発行された（言い換えれば，外貨準備を上回る通貨性負債としての）「中央銀行券」が出現したことになり，「ドル化」政策からの逸脱になる。

(4) 小括

以上のように，エクアドル中央銀行は，規制を通じた「金融政策」，電子マネーの発行，「中央銀行証券」の発行といった独自の取り組みを行っている。

ここには，「ドル化」政策からの逸脱の「火種」も見られる。資本流出規制や「中央銀行証券」は「双子の赤字」の深刻化そして米ドル不足が生じているシグナルになりえ，また，電子マネーや「中央銀行証券」が濫用されれば中央銀行の新規の信用供与が行われることになりうる。前者が続けば，国内の通貨量が不足し，エクアドル経済に悪影響が生じる。後者が本格的に進行[15]すれば，このことは厳密な意味での「ドル化」政策からの逸脱となり，そして，エクアドル

は，エクアドル中央銀行のバランスシートレベルでは電子マネーや「中央銀行証券」の米ドルへの換金，マクロ経済レベルではインフレの進展や国内経済の過熱を通じて，米ドル流出に直面するために「ドル化」政策を維持できなくなる。

2 エルサルバドル中央準備銀行の独自機能

　第2項では，エルサルバドル中央準備銀行の独自機能として，エルサルバドルに存在する「流動性証書（Liquidity Certificates）」について検討しよう[16]。

　「流動性証書」は，エルサルバドル中央準備銀行のバランスシートの負債側において13.5億ドル計上されていて市中銀行預け金の13.2億ドルと同規模であり，第2章で見たようにエルサルバドルの通貨統計や市中銀行の現金準備にも組み込まれている。

　「流動性証書」は，次のような形態で存在する。

　エルサルバドル中央準備銀行によって発行された「流動性証書」を市中銀行が購入する際に，市中銀行は，「流動性証書」を入手する一方で，米ドル資産（とくに米ドル現金や在米ドル預金）をエルサルバドル中央準備銀行に渡すか，中央銀行預け金を使う必要がある。前者の場合にはエルサルバドル中央準備銀行は外貨準備を強化することになる。後者の場合には（エルサルバドル中央準備銀行にとってはただちに米ドル資産で引き出される可能性の高い）中央銀行預け金が減少することになり間接的な形で外貨準備の維持につながる。

　逆に，市中銀行が既発行の「流動性証書」をエルサルバドル中央準備銀行に売却する際に，エルサルバドル中央準備銀行は外貨準備を用いて米ドル資産を支払うか，中央銀行預け金を振り込む形で支払う[17]ために，市中銀行は現金準備を獲得できる。

　「流動性証書」は，米ドル資産や中央銀行預け金に交換可能であるが，付利が行われる現金準備となるために，在エルサルバドルの市中銀行は「流動性証書」を保有し続けるインセンティブを持つことになる。

　これらの諸点は，入手可能なバランスシートに計上された「流動性証書」を時系列で表示した図表3-6において「流動性証書」の規模が一定に維持されて

図表3-6 エルサルバドルにおける「流動性証書」発行残高

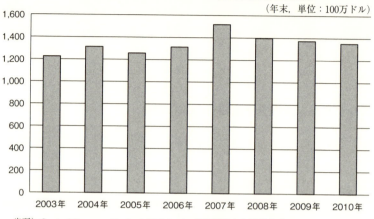

(年末,単位:100万ドル)

出所) Central Reserve Bank of El Salvador公表資料より筆者作成。

図表3-7 エルサルバドル中央準備銀行の損益計算書

(2010年,単位:100万ドル)

項　目	金額
金融収入合計	46.8
貸出利子	3.0
投資収益	33.8
その他金融収入	10.0
金融支出合計	26.2
対外借入の利子支払	3.5
「流動性証書」の割引と利子支払	7.6
手数料	0.9
その他政府系機関預金への利子支払	0.3
その他金融支出	13.8
（流動性準備への付利支払）	(1.2)
金融収益（金融収入－金融支出）	20.6

注）損益計算書の金融収入と金融支出の箇所のみを取り出して作成した。
出所）Central Reserve Bank of El Salvador公表資料より筆者作成。

いること、エルサルバドル中央準備銀行の損益計算書（図表3-7）に「流動性証書」の割引（償還）と利子支払のための支出が計上されていることに示される。

こうして、エルサルバドル中央準備銀行は、「流動性証書」の発行を通じて銀行システムから米ドル資産や中央銀行預け金を吸収する一方で、その過程でエルサルバドルの銀行システム内にいったん供給された「流動性証書」を米ドル建ての現金準備として機能させている。言い換えれば、エルサルバドル中央準備銀

行は，(マクロかつ年ベースの統計には出てこない) 個別の市中銀行レベルや細かい時期において「流動性証書」の発行と割引 (償還) を通じて資金の供給と吸収を繰り返す一方で，エルサルバドルの銀行システム全体で見れば「流動性証書」の残高を一定に維持することで外貨準備確保と現金準備供給を両立している。

3　小括

以上のように，「ドル化」国の中央銀行は，「火種」も含みながら「工夫」を凝らした取り組みを行っている。そして，こうした取り組みを検討する際にも，「ドル化」国という文脈に基づいて，通貨の「概念上の区分」のエッセンスを踏まえることが肝要となる。

第4節　「ドル化」国の中央銀行の限界

第4節では，「ドル化」国の中央銀行について，機能的な限界のあらわれ方や，機能を発揮する (できる) 対象を整理する。

第1に，「ドル化」国の中央銀行は，資金供給に大きな制約を抱えるようになる。この論点を，現金と中央銀行預け金を中心に見ておこう。

まず，現金発行は極めて限定的になる。米ドル現金について，「ドル化」国の中央銀行は，当然のことながら米ドル現金の発行権を持っていない。関連して，エクアドル中央銀行は (米ドル現金ではなく) 独自現金通貨としての補助鋳貨センターボを発行しており，補助鋳貨は日常的に発生する現金取引や中央銀行自身の現金管理の便宜を図る点では一定程度の経済的機能を持つ一方で，独自現金通貨の発行は外貨準備による裏付けが必要になるために少額にならざるをえない。

また，中央銀行預け金について，「ドル化」国の中央銀行は，新規信用供与 (外貨準備を上回る通貨性負債の創出) を原則として停止するため，外貨準備 (とくに市中銀行から受け入れた米ドル) を上回る規模での中央銀行預け金の供給をできなくなり，極めて強い制約下におかれることになる。

さらに,「ドル化」国の中央銀行による市中銀行への資金供給は,新規の資金供給ではなく,ある市中銀行から受け入れ(調達し)た米ドルを他の市中銀行に貸し出すことを中心に,「金融仲介」の形で行われる。

第2に,第1の点とも関連して,「ドル化」国の中央銀行は,新規の信用供与を停止する以外は「自国通貨保持国」の中央銀行と同じになるわけではなく,大きな限界に直面する[18]。

限界の1つ目は,「ドル化」国の中央銀行が,米ドル現金を発行できず,(わずかに存在する)独自現金通貨の発行は外貨準備の量に規定されることから現金発行に大きな制約を抱えているため,経済成長時や危機時において大規模に発生する現金需要や,平時において日常取引や財政資金の変動にともなって生じる現金需要に対して機動的に対応できないことである。

限界の2つ目は,「ドル化」国の中央銀行による資金量調整や金利管理の限界にある。「ドル化」国の中央銀行の政策運営は,資金供給を通じた金融政策を原則としてできなくなるため,外貨準備の範囲内での行動か,預金準備率操作や上限金利設定といった諸規制が中心となることを念頭においてみておこう。

まず,「ドル化」国において,現金での預金引出,他銀行への支払,財政資金の変動といった「自国通貨保持国」にも存在する要因を通じた「現金の漏れ」はより強くあらわれ,市中銀行は対外取引の支払といった「ドル化」国独自の形での「現金の漏れ」にも直面しているために,中央銀行の行動が外貨準備の範囲内に限定されることは,市中銀行の現金準備補填の困難さに直結することになる。

また,「ドル化」国の中央銀行が規制を通じて管理できる対象になるのは,米国金利やそれによって規定される種々の米ドル資産の金利ではなく,在「ドル化」国の市中銀行が「預金設定による貸出」を通じて創り出す「ドル化国の国内通貨」に係る「ドル化国の国内金利」となる。

さらに,エクアドルでは,上限金利を設定する規制の形で「金融政策」が行われているが,先進国のように資金の供給・回収を通じた金利誘導ではなく,資金の供給・回収をともなわない規制を通じて行われるため,資金需給に必ずしも基づかない「強引」な形で金利が設定されてしまう可能性が残る。言い換えれば,「ドル化」国の中央銀行は,「自国通貨保持国」における金融緩和や金融引

締といったレベルの金融政策を行えないことになる。

　限界の3つ目は，国内通貨流通量の把握に関連する。中央銀行預け金や預金通貨はバランスシートに計上されるために，比較的把握しやすい。その一方で，米ドル現金については，対外経済取引が究極的な変動要因となり，必ずしも中央銀行や市中銀行を経由して流出入するわけではないために，国内所在量の把握が困難になる。

　以上のようにして，「ドル化」国の中央銀行は，機能を発揮できる対象が「ドル化国の国内通貨」や「ドル化国の国内金利」であり，大きな限界や制約を抱えるようになる。

第5節　小括

　以上のように，「ドル化」国の中央銀行について検討を行ってきた。

　「ドル化」国の中央銀行は，①「ドル化」政策を維持するための措置の実施，中央銀行預け金の振替を通じた銀行間決済の担い手，外貨準備の管理・運用主体，「政府の銀行」といった重要な機能を保持していること，②ケースによって異なる多様性を持ちながら「工夫」や「火種」を含んでいること，③政策運営は保有外貨準備の量に規定されるか，諸規制が中心になるために大きな制約を抱えるようになること，④管理できる対象があくまでも「ドル化国の国内通貨」と「ドル化国の国内金利」であることに整理できる。

　「ドル化」国の中央銀行は，新規の信用供与（外貨準備を上回る通貨性負債の創出）を行えないために中央銀行とみなせないとする立場と，中央銀行の機能にはそれ以外にも重要な機能が存在するために中央銀行とみなせるとする立場が存在しうる。本章は，後者の立場も成立しうることを示唆している。

　歴史的に，中央銀行は，各国・地域や各時期の金融・経済情勢を反映して，重視された機能，具体的な運営方法，取り組むべき政策課題において多様性を持ってきた。とくに，「ドル化」国の中央銀行の意義は，銀行間決済を通じて在「ドル化」国の市中銀行が預金通貨を創り出すことを可能にして国内の経済活動の決済や通貨流通の根幹を担っていること，また，政府の預金を管理する

「政府の銀行」としての機能を通じて国家の経済運営に関わっていることに見出される。

さらに角度を変えて,「ドル化」国の中央銀行が直面する限界の大きさを考えると,（様々な批判や注18）で見た限界はあっても）「自国通貨保持国」において,「発券機能」を維持し,金融政策を行う機能や「最後の貸し手」機能を持つ中央銀行の意義は大きいと言える。

こうした広く中央銀行論に属する諸論点が,「ドル化」国の中央銀行の解明から,逆照射されることになる。

[注]
1）たとえば,①の議論は中南米や発展途上国の問題を検討している毛利［2006］（226頁）や山崎［2003］（226頁）,国際政治経済学の立場から通貨主権の文脈で検討しているCohen［1998］（邦訳91頁）,②の議論は「ドル化」政策の解説書であるSchuler［2000］（Chap.8）において見られる。③については,国際金融論のテキストや発展途上国の通貨政策に関する文献において散見されており,そもそも「国際金融のトリレンマ」論で「ドル化」政策を捉えられるのか否かが不明確であることを問題として抱えている。

こうした先行研究は,それぞれが設定した課題とその検討において独自の意義を見出せるが,中央銀行に関する論点については再検討しておく必要がある。

2）ここでは,「自国通貨の現金の新規発行停止・消滅および米ドル現金への転換」,「中央銀行による新規信用供与（外貨準備を上回る通貨性負債の創出）の原則停止」としての要素を「自国通貨の消滅」と表現している。とくに,後者が大事である。このことは,中央銀行の機能という観点からは,「発券機能」,「最後の貸し手」機能,金融政策の停止としてあらわれる。

3）この視点は,中央銀行関係者の文献,具体的には白川［2008］（14-17頁）,日本銀行金融研究所編［2011］（37-40頁,119頁）で打ち出されており,それに加えて,2007年のサブプライム危機以降に先進国で「非伝統的な金融政策」が実施されてからは多くの論者によって用いられている。本章では,「ドル化」国の文脈で検討するために用いる。

中央銀行をめぐる諸問題や論点は多岐にわたっている。

各国・地域や各時期における中央銀行に関する文献としては,中央銀行の目的や役割の変遷については翁［2013b］（第2章）,田中［2014］（第4章）,現代的な金融政策運営に移行する前の日本における金融政策運営については鈴木［1993］,日本銀行百年史編纂委員会編纂［1985, 1986］,各国における金融調節方法（の相違）については伊豆［2009b］（32-35頁）,伊豆［2011］（101-104頁）,日本銀行企画局［2006］がある。

今日的なテーマである「非伝統的な金融政策」を取り上げた文献としては,全体的な動向を整理した伊豆［2016］,岩田・日本経済研究センター編［2014］,梅田［2011］（第8章）,河村［2014］,須田［2014］,米国の動向を整理した伊豆［2011］,田中［2014］,欧州の動向を整理した伊豆［2012a, 2012b］,奥田［2012］（第6章）,奥田［2015b］,奥田［2016b］,河村［2015］,田中［2015b］,田中・代田［2016］,斉藤［2014］,金融政策について重要な議論が行われるジャクソンホールのシンポジウムの内容を中心に検討した湯本［2010］（第Ⅰ部）がある。

4）筆者は,2009年の時点で本書末尾の初出一覧に示した「公式のドル化政策と中央銀行——エクア

ドルとエルサルバドルの事例を中心に」のなかで,「ドル化」国の中央銀行のバランスシートを用いた検討を行っている(ここでは,初出一覧に示した筆者の旧稿はタイトルのみ表記する)。その後に,筆者自身の研究のアップデートとして2014年に公刊した『『ドル化』政策をみる視点——エクアドルとエルサルバドルの事例を中心とした考察」に加えて,Jácome and Lönnberg[2010],林・木下[2014](木下・林[2013]をアップデートした文献であり,本章では林・木下[2014]をベースに参照する)によって同趣旨の議論がなされている。そのため,「ドル化」国における中央銀行の機能は議論するべき対象の一つになっている。

筆者と同様に,Jácome and Lönnberg[2010]と林・木下[2014]は,「ドル化」政策をめぐる先行研究において,「中央銀行不要」論や「中央銀行消滅」論が展開されていること,マクロ経済関連の政策効果や前提条件に着目した見解が多いことを批判的に取り上げている。そして,Jácome and Lönnberg[2010]は「ドル化」政策の制度面の論点(Institutional Issues)と運営面の論点(Operational Issues)を,林・木下[2014]は「ドル化」国における「金融政策」をそれぞれ検討している。

本書では,初出一覧に示した筆者の旧稿の議論をアップデートするとともに,上記の先行研究が十分に問わなかった「ドル化」国の中央銀行が持つ限界や,機能を発揮する(できる)対象を検討する。

5) バランスシートに加えて,エクアドルについてはエクアドル中央銀行ウェブサイト,竜舌蘭[2011](26頁),Karmin[2008](邦訳176頁),エルサルバドルについては竜舌蘭[2011](27頁),Jácome and Lönnberg[2010](pp.24-25),エルサルバドル中央準備銀行の公表文書 *Deteriorated Bills Exchange*(2012年3月30日付),パナマについては平子[1996](58-59頁)の各種資料で適宜補足して検討を行った。

6) かつてのエクアドルの自国通貨スクレは,現在では,「ドル化」政策導入後の交換期間を過ぎているため,エクアドル中央銀行も米ドルとの交換に応じておらず,法的にも使用不可能となっている。

なお,パナマにも,独自に発行している補助鋳貨バルボアが存在しているが,バルボアの鋳造を担っているのは外国の業者であり,バルボアの発行主体はパナマ政府(財務省)であるため,パナマ国立銀行は直接的には関わっていない(平子[1996]58-59頁)。

7) エクアドルはThe World Bank[2002](Chap.3, Chap.4, Chap.7),エクアドル中央銀行ウェブサイト,エルサルバドルはエルサルバドル中央準備銀行によって公表された資料 *Functions, Payments System and Financial Services*(2012年3月16日付で公表),パナマはTelered, S. A. Panamaウェブサイトやパナマ銀行監督局ウェブサイトといった各種の資料で適宜補足した。

8) 準備預金制度の内実について,エクアドルはJácome and Lönnberg[2010](p.14, p.23),在エクアドル日本大使館へのヒアリング(とくに2015年時点の預金準備率),エルサルバドルはエルサルバドル中央準備銀行の公表文書 *Functions, Regulation and Monitoring of Financial System*(2012年3月16日付),Jácome and Lönnberg[2010](p.14, pp.24-25),パナマは山本[1977](118-122頁),パナマ銀行監督局および在パナマ日本大使館へのヒアリングに基づいて整理した。エクアドルとパナマの現地に対するヒアリングの日時は第2章の注8を参照。

9) このことはエルサルバドル中央準備銀行のケースで見られる。エルサルバドル中央準備銀行の公表文書 *Functions, Financial Agent Services for the Government*(2012年3月16日付),また,*Central Bank Role*(現在ではウェブサイトの改訂にともない閲覧できないため,最終閲覧日の2009年1月4日時点で筆者が印刷した紙媒体の資料を参照している)で適宜補足した。

10) エルサルバドル中央準備銀行の公表文書 *Functions, International Reserves Administration*(2012年3月16日付)。

11) 林・木下[2014](とくに52-59頁)。ここでは,林・木下[2014]に従い「金融政策」という言葉を用いるが,「ドル化」国と「自国通貨保持国」では「同列」にできないためにカギカッコ付きで表記している。

なお，エクアドル中央銀行が上限金利を設定する形で「金融政策」を行っていることは，林・木下 [2014]よりも早い時期に Jácome and Lönnberg [2010] (p.9) において指摘されている．ちなみに，上限金利の設定が行われたのは 2007 年が初めてではなく，「ドル化」政策の導入直後の時期において，銀行システムを機能させるために，また，高金利で資金を調達してハイリスク・ハイリターンの運用を行うことを防ぐために，LIBOR（ロンドン銀行間取引金利）とカントリーリスクに基づいた上限金利の設定が行われていた（Beckerman and Cortes-Douglas [2002] p.99, Government of Ecuador [2000] Chap.5）．

12）この点については，第2章第4節第2項も参照されたい．先進国の金融政策の実務については，それ自体が議論や検討の対象になりえ，中央銀行関係者の文献のなかでかなりのスペースを割いて説明されている．具体的には，翁[1993]（第Ⅰ部），翁[2013a]（第2章），翁[2013b]（第4章），白川[2008]（第Ⅲ部），日本銀行金融研究所編[2011]（第5章），湯本[2010]（第Ⅱ部），横山[2015]（第4章）を参照されたい．

13）今日における中央銀行の電子マネー発行をめぐる議論については，世界的な動向を整理した山口・渡邉・小早川[2015]，小林・河田・渡邉・小早川[2016]，また，スウェーデンの実例をもとに紹介した川野[2017]を参照されたい．

　電子マネー自体は 1990 年代にすでに議論がなされている．そこでは，電子マネーは，新たな通貨になりうるのか，通貨量や銀行機能にどのような影響を与えるのかが論点になっていた．そうしたなかで，電子マネーがあたかも通貨や銀行を大きく変貌させるかのような論調も出現したのに対して，山口[1997]（第2章）や吉田[2002]（第4章）は，基本に立ち戻りながら検討しており，また，公平な視点で評価を行っている．

　エクアドルについては，木下[2015]が詳細に取り上げたのちに，木下[2017]（とくに23-24頁）がその後の動向も含めて改めて取り上げている．ここでは，電子マネーの発行元であるエクアドル中央銀行のウェブサイトや，電子マネーが導入された直後に特集を組んだBBC[2014]で適宜補足しつつ，木下氏の文献を中心に参照しながら整理した．

14）筆者はエクアドル中央銀行のバランスシート上で本文に記した動きが出ていることに注目していたが，木下直俊氏はいち早く注目していた．本パラグラフの内容は，木下[2017]（とくに22-24頁）の文献，そして，木下氏との議論を通じてご提供いただいた現地情報を参照している．木下氏に感謝申し上げる次第である．もちろん，本書に存在しうる誤りは全て本書の筆者に帰するものとする．

15）この点について，①エクアドル中央銀行のバランスシートが 2016 年に急膨張していること，②通貨性負債〔中央銀行預け金（市中銀行の預け金）＋独自通貨（独自現金通貨＋電子マネー）〕が，図表3-1 の外貨資産との対比で見ても，図表 3-1 のメモランダムおよび図表 2-4 のメモランダムに表示した外貨準備残高との対比で見ても，2016 年末に上回っていることに注目する必要があろう．

16）筆者の知る限り，Caceres and Saca [2006] (pp.11-13) は，「流動性証書」を取り上げた唯一の資料であるが，説明を十分に行っていない．

　しかしながら，「流動性証書」が在エルサルバドルの市中銀行によって現金準備として保有されている事実，また，エルサルバドル中央準備銀行のバランスシートや損益計算書の検討を通じて，「流動性証書」の内実をつかむことができる．

17）念のために留意点にもふれておこう．この場合に，エルサルバドル中央準備銀行のバランスシートの負債側において，割引（償還）された金額の「流動性証書」が減少することに対応して，その金額と同額の中央銀行預け金が増加するため，エルサルバドル中央準備銀行の負債はネットでは増加しない．そのため，エルサルバドル中央準備銀行が，「流動性証書」の購入代金を中央銀行預け金を振り込む形で支払うとしても，外貨準備を上回る中央銀行預け金を創り出すわけではない．

　ただし，エルサルバドル中央準備銀行が，「流動性証書」の発行を通じて調達した外貨準備を用いて米ドルそのものの貸出を行う可能性もある．この場合には，エルサルバドル中央準備銀行のバラ

ンスシートにおいて，負債側で「流動性証書」が残ったまま，資産側で外貨準備が減少して貸出債権が増加する。そのため，「流動性証書」は，この貸出の分が外貨準備によってカバーされていないことになり，事後的・結果的に無準備負債化することになる。さらには，この状態で，エルサルバドル中央準備銀行が，「流動性証書」の割引（償還）を行えば，外貨準備を上回る中央銀行預け金が創り出されてしまう可能性がある。そうなれば，「ドル化」政策の概念からの逸脱が生じることになる。実際に，図表には表示していないが，エルサルバドル中央準備銀行のバランスシートにおいて，たとえば，2008年に，中央銀行預け金（約13億ドル）と「流動性証書」（約13.9億ドル）を合計した金額（約27億ドル）は，外貨準備（約25億ドル）を上回っており，中央銀行預け金と「流動性証書」（いずれも中央銀行の負債）の合計が外貨準備残高を上回っていた。

18）もちろん，「自国通貨保持国」の中央銀行にも限界がある。ここでは，小西［2014］（37－39頁，91－92頁，174－178頁）のコンパクトな整理に依拠して，2点を見ておこう。

まず，中央銀行の資金供給は，資金供給増加にともなう紙幣減価によるインフレ防止の必要性，景気拡大にともなう経常収支赤字とそれによって生じる対外的な支払準備の上限，資金供給を行う際に買い入れる資産の健全性の維持といった点で制約があり，無条件かつ無制限に行えるわけではない。

また，政策効果という角度から見れば，中央銀行の現金準備の供給は流動性不足に陥った金融機関の救済や金利低下の促進をできるが，中央銀行の資金供給や資産買取は金融機関や企業の不良資産の買取や不足資本の補填につながる場合には「一時的な息継ぎの時間」を作ることしかできず，さらには，有効需要拡大につながる新たな増収・増益をもたらすわけではない点に限界がある。

こうした諸点の「ドル化」国におけるあらわれ方は，他の章の内容ともあわせて議論するなかで，終章第3節でも改めて取り上げる。

第4章

「ドル化」国の対外経済関係
―― 国際収支分析を通じた米ドル流出入の検討を中心に ――

第1節　問題の所在

　第4章では,「ドル化」国をめぐる米ドル流出入に密接に関連する対外経済関係について, 国際収支を中心に検討する。

　「ドル化」国における国内通貨流通や, 国内決済システムの持続可能性は, 究極的には対外経済取引にともなう米ドル流出入の動向によって規定される。より具体的には, とくに米ドル現金と在米ドル預金が, 3つの点で重要性を持つ。①米ドル現金と在米ドル預金は,「ドル化」国の対外決済用資金になる。②米ドル現金(場合によっては在米ドル預金も含む)は,「ドル化」国内において, 企業の経済活動に加えて, 個人の日常レベルの取引でも決済に用いられる。③米ドル現金と在米ドル預金は, 企業や個人が市中銀行へ預金する際の原資や, 市中銀行が中央銀行へ預金する(つまり, 中央銀行預け金を形成する)際の原資となり, また, 市中銀行が「預金設定による貸出」を通じて預金通貨を創り出す際の現金準備となるために, 在「ドル化」国の預金通貨を維持するうえでも極めて重要である。

　これらの諸点を角度を変えて見れば,「ドル化」国において, 米ドルが大規模に流出すれば, そのことは, 国内通貨流通の大きな縮小や国内決済システムの混乱を生じさせ, 国内経済へも大きな打撃を与えることになる[1]。

　こうして,「ドル化」国にとって, 国内通貨流通の確保や枯渇・激変防止のための継続的な米ドル獲得が,「ドル化」政策の導入・継続の前提条件として重要な意味を持つ。

ところが,「ドル化」政策をめぐる先行研究では,この観点に立った「ドル化」政策の前提条件についての分析は十分になされてこなかった。先行研究における議論の傾向は,米ドル獲得に焦点を当てる(その重要性を認識する)ことなく,「ドル化」国が米ドルをあたかも自動的かつ無条件に獲得できているかのように扱っている傾向,また,規範的な観点から「ドル化」政策の是非を検討する傾向の2つに集約できる。

本章では,「ドル化」政策を見るうえで必須の検討課題として,また,それにもかかわらず十分に検討されてこなかった先行研究に対置する形で,対外的な米ドル流出入と密接に関連する「ドル化」国の対外経済関係を検討する。ここには,本来は外貨獲得に困難を抱えるとともに経済運営に行き詰まってきたために,継続的な米ドル獲得を必要とする「ドル化」政策の導入が難しいか不可能と考えられてきた国が,「ドル化」政策を導入・継続することを可能にした条件を検討するという問題意識がある。

検討を行う際には,経済の実物面と金融面の両面から対外経済取引を一通り記録するとともに対外的な資金流出入の動向を網羅している唯一の統計である国際収支を軸に行っていく。従来から,広く国際経済論分野では国際収支をめぐる分析方法や表示形式,政策に関する議論や論争が多くなされ,国際収支の意義は時代や国・地域によって異なってきた。「ドル化」国の場合には,国内通貨流通と密接に関連する米ドル流出入の動向を念頭においた対外経済関係の分析が,国際収支の検討課題として極めて重要な意味を持つ[2]。

本章における分析の時期区分は,紙幅の制約もあるため,直近の特定期間,すなわちエクアドルは2008年,エルサルバドルとパナマは2009年から,採録できる最新年の2016年までとする[3]。こうした時期区分を設定した理由は2つある。まず,「ドル化」国の対外経済関係と「ドル化」政策の導入・継続という観点を関連させた分析を行うためには,特定年のデータだけでは不十分であり,ある程度の長さを持った時系列データを見る必要がある。また,一国の対外経済関係は世界経済の動向と密接に関わっており,世界同時不況の局面である2009年を含めたうえで,その後の時期の局面も視野に入れている。

第2節　「ドル化」国における国際収支の「見方」

　第2節では，国際収支について，「ドル化」国の対外経済関係を検討するための「見方」を整理しておこう。「ドル化」国における国際収支の「見方」そのものが議論の対象になるため，やや長くなるが，説明を行っていく。

　周知のように，IMFによって作成された『IMF国際収支マニュアル』が，各国・地域の国際収支統計作成のガイドラインになっている。各国・地域の国際収支統計は，各国・地域の独自事情を反映して発表形式に相違を抱えているが，全般的に見れば『IMF国際収支マニュアル　第5版』（以下，『第5版』）から『IMF国際収支マニュアル　第6版』（以下，『第6版』）の様式に準拠したバージョンへと移行しつつある[4]。公表資料の関係で，エクアドルでは『第5版』，エルサルバドルとパナマでは『第6版』を用いる。

　本章で用いる『第5版』と『第6版』のバージョンの国際収支統計では，「ドル化」国が対外経済取引を通じて獲得した米ドルが当該国の国内通貨流通としてどれだけ残るのかを，厳密なレベルで把握することは困難であるが，国際収支の項目や関係式を注意深く見ることで一定程度つかめる。国際収支全体の関係式として，『第5版』では経常収支＋資本収支＋外貨準備増減＋誤差脱漏＝0，『第6版』では経常収支＋資本移転等収支＋誤差脱漏＝金融収支という関係式が成立する。この関係式を中心に，本章の課題設定において最重要である「ドル化」国の国際収支と国内通貨流通の関係を整理しておこう。

　最初におさえておくべきなのは，「ドル化」国の国内通貨流通と国際収支項目の対応関係である。とくに大事なのは，①「米ドル現金」，②「在外預金」（厳密には在米ドル預金），③「中央銀行預け金」の動向を示す項目である。

　①の米ドル現金と，②の在米ドル預金の流出入は，国際収支統計において「その他投資（資産）」内の「現預金（資産）」の項目に示される。この項目は，現金と預金を同一項目に入れられており分離して表示できないために内訳まで把握できないが，両者はともに「ドル化」国にとって極めて重要である。「現預金（資産）」の項目を見る際には，「概念上の区分」をしておく必要がある。まず，①米ドル現金と②在米ドル預金の区分がある。さらに，②の在米ドル預金の部

分は,「対外運用」(金融収益の獲得を目的とする対外投資) や「資本逃避」によって国外に流出した部分と,「国内通貨流通となる資産」として国内で使用される部分といった形で区分できる。しかしながら,「現預金(資産)」の内訳は,統計的には区分が困難なので,一括して「国内通貨流通となる資産」として扱うことにする。

③の中央銀行預け金の部分は,「ドル化」国の中央銀行によって管理されている「外貨準備」の動向からある程度知ることができる。「自国通貨保持国」のケースでは,通貨当局の為替介入あるいは保有対外資産の運用損益が外貨準備の主要な変動要因になる。それに対して,「ドル化」国のケースでは,政府預金の変動や中央銀行自身の資金調達を除けば,市中銀行が,中央銀行との取引において,米ドルを預金すると中央銀行預け金とそれに見合う金額の外貨準備が増加し,逆に,米ドルを引き出せば中央銀行預け金とそれに見合う金額の外貨準備が減少することになる。

次に,「ドル化」国にとって重要な米ドル現金と在米ドル預金(いずれも「現預金(資産)」の項目),中央銀行預け金(「外貨準備」の項目)の形成ルートは,経常収支の黒字,資本輸入(この方法では対外負債の増加につながる),保有対外資産の国内通貨流通用資金への転換(この方法では対外資産の減少につながる)の3つである。「ドル化」国がこれらのルートで獲得できない時や流出超過になる時には,「ドル化」国において国内流通向けの米ドル資金が減少することになる。

最後に,「総合収支」の設定である。かつての国際収支統計には,当該国における外貨流出入の最終的な動向を測定するために「総合収支」が設定されていた。しかしながら,現代における『第5版』と『第6版』の国際収支統計では,「総合収支」に相当する項目が設定されていない。このことを踏まえて,本章では,国内通貨流通との関連で「ドル化」国をめぐる米ドル流出入の動向を把握するために,国際収支統計を再構成して「総合収支」を設定する。

まず,金融収支(あるいは,資本収支に外貨準備増減を含めた広義の資本収支)におけるグロスの対外投資のなかから,「現預金(資産)」と「外貨準備」の項目を取り除き,対外経済取引にともなう「ドル化」国の国内通貨流通の増減を示す「国内向けのドル流出入」(「現預金(資産)」と「外貨準備」の合計)の項

目として設定する。

　国際収支の関係式は，『第5版』では経常収支＋広義の資本収支〔ただし，「現預金（資産）」と「外貨準備増減」を除く〕＋誤差脱漏＝「総合収支」，また，『第6版』では経常収支－金融収支〔ただし，「現預金（資産）」と「外貨準備」を除く〕＋資本移転等収支＋誤差脱漏＝「総合収支」となる[5]。

　そして，「総合収支」の動向が，「国内向けのドル流出入〔現預金（資産）＋外貨準備〕」の動向を決定する。すなわち，「ドル化」国において，「総合収支」が黒字の時は「国内向けのドル流出入」項目が流入超過となり米ドル資金の獲得，「総合収支」が赤字の時は「国内向けのドル流出入」項目が流出超過となり米ドル資金の流出となる。

　「総合収支」と「国内向けのドル流出入」は，本章において独自に設定している項目なので，カギカッコをつけて表記し，また，本章で取り上げる国際収支統計の図表では他の項目と区別して二重線で囲って表示する。

　なお，外貨は，米ドルに加えて非ドル通貨も含んでいる可能性もあるが，「ドル化」国の対外経済取引で使用される非ドル通貨は米ドルと容易に交換可能な通貨である可能性が高いために，一括して米ドルとして想定し，国際収支における外貨の流出入は米ドルの流出入とみなす。

第3節　エクアドルの対外経済関係

　第3節では，エクアドルにおける国内通貨流通の究極的な規定要因となる米ドル流出入に密接に関連する対外経済関係を，国際収支（図表4-1）を軸に検討する[6]。本節で用いるエクアドルの国際収支統計は，『第5版』に準拠している。資本収支項目および「国内向けのドル流出入」項目において，プラスの符号は資産の減少および負債の増加，マイナスの符号は資産の増加および負債の減少を示すことに注意されたい。

　最初に，エクアドルにおける米ドルの獲得・蓄積状況（図表4-1）を整理しておこう。フローの獲得状況を示す「総合収支」は，2009年と2010年には赤字であったが，2011年以降には比較的大きな黒字で推移している。このことを

図表 4-1 エクアドルの国際収支

(『第5版』ベース,単位:100万ドル,メモランダム項目は億ドル)

	2008年	2009年	2010年	2011年	2012年	2013年	2014年	2015年	2016年
経常収支	1,769	313	-1,591	-391	-166	-923	-523	-2,114	1,419
貿易収支	1,549	144	-1,504	-303	50	-529	-63	-1,650	1,570
輸出	19,461	14,412	18,137	23,082	24,569	25,587	26,596	19,049	17,428
輸入	-17,912	-14,268	-19,641	-23,385	-24,519	-26,115	-26,660	-20,699	-15,858
サービス収支	-1,571	-1,282	-1,522	-1,563	-1,394	-1,420	-1,171	-805	-1,054
所得収支	-1,429	-1,271	-1,045	-1,248	-1,301	-1,374	-1,553	-1,737	-1,877
経常移転収支	3,221	2,722	2,481	2,722	2,480	2,399	2,264	2,078	2,780
労働者送金 (受)	3,083	2,736	2,591	2,672	2,467	2,450	2,462	2,378	2,602
資本収支	-453	-371	-255	1,624	-6	4,852	4,633	3,245	5,583
投資収支	-558	-2,417	-360	1,525	-144	4,767	4,546	3,294	6,377
対外投資	-1,376	-1,229	-1,248	-1,345	-1,033	-129	-1,695	-2,063	-1,540
対内投資	817	-1,188	888	2,870	890	4,896	6,242	5,357	7,917
対内直接投資	1,057	309	166	644	568	727	772	1,322	744
対内証券投資	-4	-2,989	-10	-7	-72	-6	1,992	848	2,756
その他投資 (負債)	-236	1,493	732	2,233	394	4,176	3,477	3,187	4,417
その他資本収支	106	2,046	105	99	138	85	87	-49	-794
誤差脱漏	-180	-244	-105	221	97	-145	-225	35	-90
「総合収支」	1,137	-303	-1,951	1,455	-74	3,784	3,886	1,166	6,911
「国内向けのドル流出入」	-1,137	303	1,951	-1,455	74	-3,784	-3,886	-1,166	-6,911
現預金 (資産)	-184	-378	781	-1,119	-401	-1,906	-4,297	-2,619	-5,148
外貨準備増減	-952	681	1,170	-336	475	-1,878	411	1,453	-1,763
[メモランダム]									
ネット対外ポジション	-98	-77	-93	-93	-93	-102	-109	-130	-120
対外総資産残高	193	202	195	223	233	272	328	360	445
その他投資 (資産)	131	146	143	168	184	195	250	304	365
外貨準備	45	38	26	30	25	44	39	25	43
対外総負債残高	291	279	288	316	325	374	437	490	564

注1) 資本収支項目および「国内向けのドル流出入」項目において,プラスの符号は資産の減少および負債の増加,マイナスの符号は資産の増加および負債の減少を示す。
注2) ネット対外ポジションは[対外総資産残高-対外総負債残高]で計算。マイナスの符号はエクアドルの対外純債務を示す。
注3) 下位項目には掲載していない項目もあるため,図表に表示している下位項目の合計額は上位項目の金額と必ずしも一致しない。本章の以下の図表も同じ。
出所) Central Bank of Ecuador 公表資料より筆者作成。

「国内向けのドル流出入」で整理すると,外貨準備が増加と減少の波を持っている一方で,「現預金 (資産)」が大きな増加となっている。また,ストックベースでは,「その他投資 (資産)」の項目において「現預金 (資産)」だけを取り出すことは不可能であるために大まかにしか把握できないが,外貨準備残高が増加と減少を繰り返している一方で,「その他投資 (資産)」が大きく増加している。

こうして，フローおよびストックにおいて，不安定な動きが見られること，また，少なくとも国内通貨流通用の資金をエクアドルが枯渇させずに獲得・蓄積できていることの両側面が存在する。

次に整理しておくべきなのは，米ドルの獲得・蓄積の基盤となり，米ドル流出入の性格を規定するエクアドルの対外経済関係の特徴である。本節における結論の一部を先取りして，国際収支の概要（図表4-1）について整理しておこう。

2008年以前のエクアドルでは，主要輸出品である原油の価格が高い水準で推移していたことや，財政拡張型の政策が行われる前であったことから，黒字化した貿易収支そして経常収支が主たる米ドル獲得ルートになっていた。2009年以降には，やや異なる構造が出現した。サービス収支と所得収支が大幅な赤字のなかで，経常移転収支が安定的な黒字を計上していることは，2008年以前から引き続く動きとなっている。ところが，経常収支は，2009年と（表示した最新年の）2016年に黒字であるが，貿易収支が赤字化した2010年から2015年までの時期に赤字基調が見られる。さらに，資本取引（とくにグロスの対内投資）が，不安定さと問題を含みながらも，経常収支の赤字化のなかで必要になり，大きな規模になっている。

これらの諸点を踏まえて，以下では，エクアドルの対外経済関係の基本的な特徴を，米ドル流出入の主要ルートである貿易，移民送金，資本取引と所得収支に絞って検討する。

1 貿易

第1項では，エクアドルの貿易を検討する。その際は，国際収支統計（図表4-1）に加えて，貿易動向のデータ（図表4-2）を用いる[7]。

最初に，図表4-2を中心にして，エクアドルの貿易における全般的な特徴を3点に整理しておこう。

第1に，貿易収支全体では，時期による変動をともないながら，赤字基調にあり，貿易取引が大きな米ドル流出ルートになっている。貿易収支が赤字化した要因の一つには，ポピュリスト的な政策志向を持つコレア政権による財政支出拡大をともなう「バラマキ」型の経済政策がある。ただし，2016年には，輸

図表4-2 エクアドルにおける貿易動向

(単位：100万ドル)

	2009年	2010年	2011年	2012年	2013年	2014年	2015年	2016年
貿易収支	-234	-1,979	-830	-441	-1,075	-723	-2,130	1,247
輸出総額	13,863	17,490	22,322	23,765	24,751	25,724	18,331	16,798
石油	6,965	9,673	12,945	13,792	14,107	13,275	6,660	5,459
原油	6,284	8,952	11,800	12,711	13,412	13,016	6,355	5,054
石油派生物	681	721	1,145	1,081	695	259	305	405
非石油商品	6,898	7,817	9,377	9,973	10,644	12,449	11,671	11,338
バナナ	1,996	2,033	2,246	2,078	2,323	2,577	2,808	2,734
コーヒー・カカオ	542	586	847	716	746	888	959	899
魚介類	898	1,087	1,436	1,603	2,048	2,794	2,510	2,824
その他	3,462	4,111	4,849	5,576	5,527	6,189	5,393	4,881
輸入総額	14,097	19,469	23,152	24,205	25,826	26,448	20,460	15,551
消費財	3,119	4,306	4,949	5,013	5,247	5,214	4,232	3,375
燃料および潤滑油	2,338	4,043	5,087	5,441	5,927	6,417	3,950	2,490
原材料	4,670	5,915	7,231	7,291	7,823	8,076	6,878	5,688
資本財	3,927	5,129	5,845	6,418	6,767	6,685	5,342	3,941
その他	43	76	41	42	61	56	58	56
〔メモランダム〕								
原油価格（WTI、1バレル＝ドル）	61.9	79.4	95.0	94.1	98.0	93.3	48.7	43.3
輸出依存度（％）	22.2%	25.1%	28.2%	27.0%	26.0%	25.1%	18.3%	17.1%
輸入依存度（％）	22.5%	28.0%	29.2%	27.5%	27.1%	25.9%	20.4%	15.9%

注1）コーヒー・カカオはそれぞれに関連する商品も含む。
注2）輸出（輸入）依存度は、GDPに対する輸出総額（輸入総額）の比率で計算（単位は％）。ただし、2015年以降のGDPはIMFの予測値。
出所）貿易品目はCentral Bank of Ecuador公表資料、GDPはIMF資料、原油価格はBP, *Statistical Review of World Energy June 2017*より採録して筆者作成。

出の減少を上回る規模で輸入が減少したために，貿易収支が黒字化しており，この動きが今後も続くのか否かは注意を要する。

　第2に，メモランダム項目の輸出依存度と輸入依存度の両方は概ね20％前後で推移しており，貿易は，エクアドル国内経済に与える影響が大きくなっている。

　第3に，貿易品目にも着目しておこう[8]。まず，輸出品が原油，バナナ，魚介類（マグロやエビ）といった一次産品に偏っているのと比べると，輸入品は消費財（自動車，テレビ，衣料品，化粧品など）・原材料・資本財の各種の工業製品に及んでいる。また，エクアドル政府が保護主義的な貿易政策や輸入代替工業化戦略を行っているにもかかわらず，工業製品の輸入は依然として大きな

規模になっている。

次に，こうした点に示される貿易を通じた米ドル流出入の性格を整理しておこう。

第1に，エクアドルの米ドル獲得基盤は，価格変動の激しい一次産品が中心になっている。とくに，原油の輸出額さらには輸出総額は，メモランダムに表示した原油価格と照らしあわせて見ると，2009年から2014年までの価格上昇とともに増加し，2015年の価格下落とともに大幅に減少しており，原油価格の変動に左右されやすい状況にある。

原油価格は，①中国をはじめとする石油輸入国の成長状況にともなう実需の状況，伝統的な産油国や米国のシェール・ガスにおける供給の状況といった実物面の需給を基本的な決定要因としつつ，②これらの実物面の需給要因を材料として動き，影響を増幅する投機マネーの動向，③各国の景気状況や投機マネーの資金調達に影響を与える先進国の金融政策の方向性も決定要因になっている[9]。エクアドルの輸出には，こうした諸要因によって決定される原油価格を通じて，世界経済の諸相が反映されることになる。

第2に，エクアドルの産業構造への着目である。まず，エクアドルは，消費財を十分に生産できず輸入に依存せざるをえなくなっている。また，輸入品目において原材料や資本財が一定のシェアを占めていることに示されるように，エクアドルは，国内で生産活動を行うにしても原材料や資本財を輸入せざるをえない状況にある。そのため，エクアドルは，工業製品をはじめとする国内で使用する財の生産能力を十分に備えておらず，国内経済の減速によっても輸入が消滅せず，逆に，国内経済が拡大すると輸入が増加してしまう構造や，一次産品を中心に一定程度の輸出力があるにもかかわらず貿易収支が赤字化しやすい構造が定着している。

以上のように，エクアドルにおいて，国内経済への影響の大きい貿易が，国内通貨流通に直結しており，時期によっては貿易黒字を生み出すなど一定程度の輸出力を持って大きな米ドル流入ルートになりうること，逆に，本章の分析対象時期に見られるように赤字を計上して大きな米ドル流出ルートになりうることの両側面を持っている。

2　移民送金

第2項では，エクアドルにおける移民送金の動向を検討する。

移民送金は，『第5版』の国際収支統計において，①短期滞在労働者の雇用者報酬（Compensation of employees，所得収支に計上），②長期滞在労働者の送金（Workers' remittances，経常移転収支に計上），③移民による資本移転（Migrants' transfers，その他資本収支に計上）の3つで計上される。とくに断りがない限り，本節では，②の長期滞在労働者の送金を移民送金として取り上げる。

移民送金は，全期間を通じて，20億ドル台で推移しており，一定額が維持されている[10]。

最初に，いくつかの経済指標との対比に基づいて，エクアドルにおける移民送金の位置づけについて整理しておこう（図表4-3）。移民送金は，対GDP比では2009年の4％→2010年の3％→2011年以降の2％台と低下傾向を示しながらも，その要因には（計算する際の分母となる）エクアドルのGDPそのものが拡大したことがあるため，エクアドル経済に一定の貢献をしている。その一方で，移民送金は，対内直接投資や貿易黒字を上回る規模，また，貿易赤字が生じた際にはその赤字をカバーできる規模になっており，大きな米ドル流入ルートになっている。こうして，移民送金は，規模の縮小や時期による変動，対GDP比での低下といった留意点もあるが，エクアドルの国内経済・対外経済の両方で，そして，エクアドルにとって主要な米ドル獲得源として，重要な役割を持っている。

図表4-3　エクアドルの各種経済指標に対する移民送金の比率

（単位：％，移民送金のみ100万ドル）

	2009年	2010年	2011年	2012年	2013年	2014年	2015年	2016年
GDP	4.4%	3.7%	3.4%	2.8%	2.6%	2.4%	2.4%	2.7%
貿易収支	1905.2%	-172.3%	-883.1%	4938.8%	-463.4%	-3877.2%	-144.1%	165.7%
対内直接投資	886.2%	1561.3%	414.8%	434.7%	336.9%	318.7%	179.9%	349.7%
移民送金	2,736	2,591	2,672	2,467	2,450	2,462	2,378	2,602

注1）貿易収支が赤字化した際の比率はマイナスで表示される。この時のマイナスの表示は，貿易収支が赤字化したことを示すために用いており，貿易赤字に対して移民送金がどの程度の規模になっているのかを示している。
注2）貿易収支，対内直接投資，移民送金は国際収支ベース。移民送金はグロスの受取。
出所）図表4-1および図表4-2を再構成して筆者作成。

移民送金は，長期滞在して現地居住者になっている労働者によって行われる。そのため，移民送金を通じた米ドル獲得の性格を考える際に，外国居住エクアドル人の動向を検討しておく必要がある（図表 4-4）。

外国居住エクアドル人の居住先を確認しておこう。やや古いデータになるが，世界各国の移民の動向を網羅した Global Migrant Origin Database [11] によれば，2000 年時点で外国居住エクアドル人は約 60 万 2000 人であり，そのうちで在米国が 30 万 5000 人（外国居住エクアドル人全体の 50.7％），在スペインが 21 万 8000 人（同じく 36.2％）となっており，米国とスペインがエクアドル移民の主要な居住先となっている。

そのため，在米と在スペインのエクアドル人の動向を見ておく必要がある。このことを踏まえて作成した図表 4-4 を見てみよう。図表 4-4 は，参考までに，時期を 2005 年までさかのぼって表示している。

まず，在米と在スペインを合計した外国居住エクアドル人は 2005 年の 87 万人→ 2006 年の 90 万人→ 2008 年の 100 万人→ 2011 年以降の 90 万人，エクア

図表 4-4　外国居住エクアドル人と移民送金の動向

	エクアドル国内人口（単位：万人）	外国居住エクアドル人（単位：万人，%はエクアドル国内人口に対する比率）						移民送金の送金元（単位：億ドル，%は合計に対する比率）						
		在米と在西の合計		在米		在西		合計	米国		スペイン		その他	
2005年	1,372.1	87.8	6.4%	43.2	3.1%	44.6	3.2%	24.5	n.a.	n.a.	n.a.	n.a.	n.a.	n.a.
2006年	1,396.5	90.8	6.5%	47.9	3.4%	42.9	3.1%	29.3	n.a.	n.a.	n.a.	n.a.	n.a.	n.a.
2007年	1,421.5	94.5	6.6%	52.3	3.7%	42.2	3.0%	33.4	16.9	50.7%	13.5	40.4%	3.0	8.9%
2008年	1,447.3	101.0	7.0%	59.1	4.1%	41.9	2.9%	30.8	14.4	46.8%	12.1	39.4%	4.3	13.9%
2009年	1,473.8	103.0	7.0%	61.1	4.1%	41.9	2.8%	27.4	11.3	41.4%	11.7	42.7%	4.3	15.8%
2010年	1,501.2	103.7	6.9%	66.4	4.4%	37.3	2.5%	25.9	11.7	45.0%	10.0	38.5%	4.3	16.5%
2011年	1,526.6	97.4	6.4%	64.4	4.2%	33.0	2.2%	26.7	11.8	44.2%	10.1	37.7%	4.8	18.1%
2012年	1,552.1	n.a.	n.a.	n.a.	n.a.	28.5	1.8%	24.7	11.7	47.4%	8.2	33.3%	4.8	19.3%
2013年	1,577.5	92.8	5.9%	68.7	4.4%	24.1	1.5%	24.5	11.8	48.0%	7.9	32.2%	4.8	19.8%
2014年	1,602.7	n.a.	n.a.	n.a.	n.a.	18.7	1.2%	24.6	12.5	50.7%	7.5	30.4%	4.6	18.9%
2015年	1,627.9	n.a.	n.a.	n.a.	n.a.	16.5	1.0%	23.8	13.3	56.0%	6.1	25.7%	4.3	18.2%
2016年	1,652.9	n.a.	n.a.	n.a.	n.a.	15.0	0.9%	26.0	14.6	56.2%	6.9	26.4%	4.5	17.5%

注 1）在米・在西ともに母国生まれとホスト国生まれの両方を含む。在米は出自ベース，在西は国籍ベース。
注 2）エクアドル国内人口には，外国居住エクアドル人は含まれていない。なお，2014 年以降は IMF の予測値。
注 3）在西人口は各年の 7 月末時点。
出所）スペイン統計院，Central Bank of Ecuador, IMF, Pew Hispanic Center の各資料より筆者作成。

ル国内人口に対する比率は2005年の6.4％→2008年の7.0％→2013年の5.9％という推移をそれぞれたどっている。いずれも一時的に増加したのちに2008年をピークとして減少傾向にあるが，外国居住エクアドル人の規模は一貫して一定程度維持されている。

また，内訳を見ると，当初は在米と在スペインがほぼ同水準であったのに対して，その後は在米が増加する一方で在スペインが減少傾向にあるが，それでもなお在スペインも含めて一定水準の外国居住エクアドル人が存在している。こうした外国居住エクアドル人の動向を反映して，移民送金の送金元も米国とスペインの2国で大部分を占めており，いずれもピークの2007年から減少傾向にあるが，完全に消滅するわけではなく一定規模が維持されている。

そこで，外国居住エクアドル人の具体的な動向を主要な居住先である米国とスペインにわけて見てみよう（図表4-4もあわせて参照）。

最初に，在米エクアドル人の動向についてである。在米エクアドル人は，全体として2005年の43万人→2009年の61万人→2013年の68万人の規模で推移しており，年々増加傾向にある。こうした在米エクアドル人の特徴は3点に整理できる[12]。

第1に，米国へ移民する段階や米国での居住において，親族や知人を軸としたネットワークやコミュニティが，米国への移動のサポート，米国での居住に対する協力関係，文化行事の開催，母国とのつながりの維持といった形で重要な役割を持っている。

第2に，移民請負業者を雇って正規の手続きを経ないで渡米する不法移民も多く存在するため，図表4-4で捕捉されるよりも多くの在米エクアドル人が存在している可能性がある。

第3に，在米エクアドル人の経済的状況にふれておく必要がある。在米エクアドル人の年間所得（16歳以上の一人当たり年間所得の中央値）は2013年時点で在米ヒスパニック平均の2万1900ドルより高い2万4000ドルの水準にあり，管理職や専門職に就いて米国で成功したエクアドル人も存在している。その一方で，在米エクアドル人の就労の大半は，飲食業，清掃業，建設業，農業における低技術の職種や不安定な雇用形態になっている。

次に，在スペインのエクアドル人の動向についてである（図表4-4）。正規

の在スペインのエクアドル人は，2005年から2009年の40万人台→2010年と2011年の30万人台→2012年と2013年の20万人台→2014年の18万人→2016年の15万人といった推移をしており，2016年にはピーク時の半分以下まで減少しているが，それでもなお一定水準が維持されている。

　スペインへの移民の背景には，エクアドル側とスペイン側の両方の事情がある[13]。まず，エクアドルが1990年代末に見舞われた経済危機によって移民送出国になったこと，そして，スペインが当時のEC(欧州共同体)加盟や欧州共通通貨ユーロ導入にともなう直接投資受入による経済活況，移民にとって有利な移民法，少子高齢化を反映して移民受入国となっていること，スペインでの所得がエクアドルより高いことが，スペインへの移民の基本的な要因となっている。また，歴史的な関係のなかでスペインが中南米諸国を優遇する移民政策を行っていること，文化的な同質性やスペイン語を公用語としている言語での共通性，それにともなうエクアドル人への差別の少なさ，スペインへの移動や居住に対するサポートを行うネットワークやコミュニティの存在によって，スペインへの移民を促進する環境が形成されている。

　在スペインのエクアドル人のなかには，図表4-4では十分に捕捉されない不法移民，具体的には，住民登録をしていない(できない)「不法入国」者や，各種ビザおよび許可証の有効期限が切れても更新せずにいる「不法残留」者も多く存在する。こうした不法移民が存在する背景には，国境警備に甘さがあることや，スペインでは不法移民に対しても医療や教育の公共サービスが提供され将来的には合法的な地位や労働ビザが付与される可能性があること，シェンゲン協定に基づいてスペインへ一度移動できれば他の欧州諸国へ自由に移動できることといった要因がある。

　このようなスペインにおける正規移民と不法移民は，短期間に大量に流入したため，強い存在感を示してきた。その大半は，労働集約的な低付加価値の部門，いわゆる「3K(きつい，汚い，危険な)」部門，さらには「地下経済」部門に従事し，(低賃金)労働力の供給主体となっている。

　そして，在スペインのエクアドル人は，母国との関係を維持しながら，母国の家族を呼び寄せることを目標にして生活や所得の向上を求めて活動している。そのため，在スペインのエクアドル人は，欧州が経済危機に見舞われるな

かでスペイン経済が低迷してもスペインにとどまり続け（ピークよりも相当程度の減少が見られるとはいえ），スペインからの移民送金の源泉になっている[14]。

以上のように，移民送金は，エクアドルにとって米ドル獲得ルートとして重要な役割を果たしていること，また，低賃金労働に従事している多数の外国居住エクアドル人（不法移民も含む）によって支えられていることを特徴としている。そして，より広く見れば移民送金には，送金の源泉としての労働が関わるために国際労働力移動としての側面とともに，送金が安定的に維持される背景として移民のネットワークやコミュニティをはじめとする各種の社会的関係があるために社会的な側面も関わる。こうした諸要因によって，移民送金を通じた米ドル獲得が行われ，エクアドルの「ドル化」政策が支えられている。

3 資本取引と所得収支

第3項では，資本取引と，それに深く関連する所得収支[15]を検討しよう。ここでは，エクアドルにおける資本取引を通じた米ドル獲得の性格を検討するために，対内（対エクアドル）投資の規模と形態，また，対外債務と所得収支に焦点を当てる。

最初に，外国からエクアドルへのグロスベースの対内投資[16]全体の動向である（図表4-1）。エクアドルでは，過去にデフォルトや外国資産を接収した経験があるために，対内投資が敬遠される時期があった。ところが，この動きには変化が見られる。つまり，対内投資全体は，2011年に28億ドル，2013年に48億ドルの規模になり，2014年以降には50億ドルを超える規模になっており，規模が大きくなっている。このことによって，エクアドルは，経常収支が赤字のなかでも，経常収支赤字のファイナンスや国内通貨流通向けの米ドル資金の獲得が可能になっている。

次に，エクアドルへの対内投資の形態を見てみよう。

まず，対内直接投資[17]は，エクアドルに存在する天然資源向けを中心にコンスタントに流入していたが，2008年以降に，法定最低賃金引き上げ，投資契約内容の一方的変更，国際投資紛争解決センターからの脱退，締結済みの二国間の投資保護協定の見直し（取り消し）といったマイナス要因が出始めてい

る。こうした政策の不透明性は，ビジネス環境の悪化，投資の不確実性の高まりを通じて，エクアドルへの投資の減少につながりうる。

また，対内証券投資は，エクアドル国債への投資が中心になっている[18]。エクアドル国債は，コレア政権が対外債務やその利子に対して違法かつ不当だとして2008年と2009年に大幅な再編（事実上のデフォルト）を発表したために，外国投資家からの信頼を失っていた。デフォルトは，国際収支上では，2009年に，対内証券投資が29億ドルの流出，それに対応して「その他資本収支」が20億ドルの流入超過（実際には，債務帳消）になっていることにあらわれている。ところが，2014年以降になると，リスクプレミアムの存在によって高い金利支払が必要になりながらも，エクアドル国債に対する外国からの投資が再開されて10億〜20億ドル台と比較的大きな規模になっている。

「その他投資（負債）」は，対内直接投資と対内証券投資を上回る規模で推移し，なおかつ，増加傾向にある。具体的には，「その他投資（負債）」は，借入を中心に，2009年に10億ドル程度の流入が見られ，経常収支赤字が定着した2011年に22億ドルの規模にあり，2013年以降になると30億ドル以上で推移している。

最後に，所得収支の赤字との関わりも意識しながら，ストック面での対外債

図表4-5　エクアドルの対外資産負債残高

(単位：億ドル，年末時点)

	2009年	2010年	2011年	2012年	2013年	2014年	2015年	2016年
対外総負債残高	279	288	316	325	374	437	490	564
対内直接投資	117	119	125	131	138	146	159	166
公的対外債務	74	87	101	109	129	176	202	248
外国借入	15	24	37	40	59	80	84	107
中国	0	8	23	27	46	52	55	81
中国以外	15	16	14	12	12	28	29	26
国際機関借入	49	53	53	59	60	66	79	81
国債	10	10	10	10	11	31	39	59
上記以外	88	82	91	86	107	115	129	150
対外総資産残高	202	195	223	233	272	328	360	445
ネット対外ポジション	-77	-93	-93	-93	-102	-109	-130	-120

注1）公的対外債務の2016年の数値は11月末時点。
注2）ネット対外ポジションは，［対外総資産残高－対外総負債残高］で計算。マイナスの符号はエクアドルの対外純債務を示す。
出所）Ecuador, Ministry of FinanceおよびCentral Bank of Ecuadorの資料より筆者作成。

務について検討しておこう。ストック面（図表4-5）で確認すると，エクアドル側の主たる債務者は政府であり，外国側の債権者は国際経済機関や中国（政府諸機関や，政府所有の企業や銀行）が中心となっている[19]。

まず，国際経済機関からの借入は，エクアドルがIMFや世界銀行との対決姿勢を示すなかで，米州開発銀行，アンデス開発公社，ラテンアメリカ準備基金といった中南米地域の開発機関を中心的な主体として，エクアドルの信用リスクが高いなかでもLIBOR（ロンドン銀行間取引金利）と連動した比較的低い金利で行われてきた。借入の直接的な使途は，インフラ整備や開発プロジェクト，貧困対策，国際収支対策や外貨準備の強化，財政赤字の補填となっている。

また，中国からエクアドルへの資金供給は，規模としても形態としても重要な意味を持っている。中国からエクアドルへの資金供給は，石油会社（中国石油天然気集団公司），銀行（中国開発銀行，中国銀行，中国輸出入銀行），政府間の経済協定を通じて行われており，2015年に中国の外貨準備が減少局面になったにもかかわらず，継続して行われている。中国側から見ると，その特徴として，①中国の持つ多額の外貨準備の運用多様化，具体的には米国債への投資が一辺倒であった状況からの転換を模索するなかで出現していること，②原油を融資の担保とする[20]ことや，原油や油田権益の中国への提供を融資条件にすることで資源確保と結び付いていること，③（とくにエクアドル側がインフラ事業の資金調達を借入の理由としている時は）中国製の財やサービスの使用，中国企業への発注を融資条件にすることで中国企業の育成に結び付いていること，④融資を②と③に結び付けることで融資資金回収の安全性を確保していることに整理できる。

このような中国からエクアドルへの資金供給は，中国とエクアドルの双方にとって，意義深いものである一方で，エクアドルにとっては開発戦略の鍵となる原油やインフラ建設を中国に握られ，中国にとってはエクアドル国内で融資に対する反発が強まればデフォルトに直面する可能性もあり，リスクも含んでいる。

こうした対内投資を反映して，エクアドルは巨額の対外純債務を抱えている。具体的には，エクアドルの対外純債務を示すネット対外ポジションは，2009年の77億ドル→2010年の90億ドル→2013年以降の100億ドルで推移し

ている。その結果として，所得収支の赤字は10億～18億ドルで推移しており，エクアドルは多額の対外的な利払いを迫られている。

　以上のように，エクアドルにおいて，「その他投資（負債）」（主に借入）を中心とする資本取引は，米ドルの獲得につながる一方で，将来的に返済が必要な債務形成，場合によっては開発戦略の制約につながるとともに，過去に積み上がった債務ともあいまって所得収支赤字の要因として新たな米ドル流出ルートを作り出している。

4　小括

　第4項では，以上検討してきたエクアドルの対外経済関係について整理することで本節の結論を示すことにしよう。

　エクアドルでは，サービス収支と所得収支が慢性的な赤字のなかで，一次産品を輸出して工業製品を輸入する貿易動向のために経常収支の黒字と赤字の変動が激しい構造の下で，①市況変化によって米ドル流入が急激に減少する可能性をはらみながらも，一定程度の輸出力を持つ原油やバナナといった一次産品を中心とする輸出，②減少傾向にあるとはいえ，各種の要因によって支えられた移民送金の流入を中心とする経常移転収支の黒字，③複雑な状況やリスクをはらむ国際経済機関や中国からの借入といった資本輸入，これらが米ドル流入ルートとして「ドル化」政策の基盤になっている。

第4節　エルサルバドルの対外経済関係

　第4節では，エルサルバドルにおける国内通貨流通の究極的な規定要因となる米ドル流出入に密接に関連する対外経済関係を，国際収支（図表4-6）を軸に検討する[21]。本節で用いるエルサルバドルの国際収支統計は，『第6版』に準拠している。金融収支項目および「国内向けのドル流出入」項目において，プラスの符号は資産の増加および負債の増加，マイナスの符号は資産の減少および負債の減少を示すことに注意されたい。

最初に，エルサルバドルにおける米ドルの獲得・蓄積状況を整理しておこう（図表4-6）。フローの獲得状況を示す「総合収支」は，黒字と赤字で変動している。このことを反映して「国内向けのドル流出入」において，「現預金（資産）」と外貨準備はともに増加と減少を繰り返している。こうしたフローベースの不安定な状況を反映して，ストックベース（図表4-6のメモランダム）における「現預金（資産）」と外貨準備は，増加と減少を繰り返しているが，一定の金額が維持されている。

図表4-6 エルサルバドルの国際収支

(『第6版』ベース，単位：100万ドル，メモランダム項目は億ドル)

	2009年	2010年	2011年	2012年	2013年	2014年	2015年	2016年
経常収支	-312	-533	-1,112	-1,279	-1,586	-1,212	-926	-531
貿易収支	-3,506	-4,022	-4,772	-4,927	-5,295	-5,206	-5,003	-4,637
輸出	2,924	3,473	4,243	4,235	4,334	4,257	4,381	4,186
輸入	-6,430	-7,495	-9,015	-9,161	-9,629	-9,463	-9,384	-8,823
サービス収支	308	398	449	532	618	794	805	756
第一次所得収支	-556	-538	-618	-891	-992	-1,034	-1,091	-1,225
第二次所得収支	3,442	3,629	3,830	4,006	4,083	4,234	4,363	4,576
労働者送金（受）	3,387	3,455	3,627	3,880	3,937	4,133	4,270	4,576
資本移転等収支	131	232	266	201	101	64	65	70
金融収支	-263	-132	-475	-1,976	-950	-532	-761	-1,335
対外投資	-54	-41	85	77	28	496	29	-24
対内投資	209	91	560	2,052	978	1,028	790	1,310
対内直接投資	369	-113	123	448	242	509	497	486
対内証券投資	397	-3	1	836	-8	861	1	188
その他投資（負債）	-556	207	437	768	744	-342	293	636
誤差脱漏	693	38	-223	-302	138	498	-20	-286
「総合収支」	775	-131	-594	596	-396	-118	-119	588
「国内向けのドル流出入」	775	-131	-594	596	-396	-118	-119	588
現預金（資産）	353	165	-180	-55	-70	-86	-232	135
外貨準備増減	423	-296	-414	651	-327	-33	113	453
〔メモランダム〕								
ネット対外ポジション	-101	-109	-119	-138	-147	-148	-148	-160
対外総資産残高	77	77	73	80	75	86	88	92
現預金（資産）	27	28	27	27	26	25	25	27
外貨準備	30	29	25	32	27	27	28	32
対外総負債残高	178	187	192	218	222	235	236	252

注1）金融収支項目および「国内向けのドル流出入」項目において，プラスの符号は資産の増加および負債の増加，マイナスの符号は資産の減少および負債の減少を示す。
注2）ネット対外ポジションは［対外総資産残高－対外総負債残高］で計算。マイナスの符号はエルサルバドルの対外純債務を示す。
出所）Central Reserve Bank of El Salvador公表資料より筆者作成。

次に整理しておくべきなのは，米ドルの獲得・蓄積の基盤となり，米ドル流出入の性格を規定するエルサルバドルの対外経済関係の特徴である。本節における結論の一部を先取りして，エルサルバドルの国際収支の概要（図表4-6）を，3つに整理しておこう。まず，経常収支は，貿易収支と第一次所得収支の赤字を反映して慢性的な赤字であるために，米ドル流出ルートになっている。また，グロスの対内（対エルサルバドル）投資が，米ドル流入ルートになっている。さらに，細かく見ると，移民送金が主要な米ドル流入ルートになっている。

これらの諸点を踏まえて，本節の以下では，エルサルバドルの対外経済関係の基本的な特徴を，米ドル流出入の主要ルートである貿易，移民送金，資本取引と第一次所得収支の順に詳しく検討していく。

1 貿易

第1項では，エルサルバドルにおける貿易の動向を検討する。

最初に，エルサルバドルにおける貿易の全般的な特徴を整理しておこう[22]。図表4-7[23]からは，3点を確認できる。

第1に，エルサルバドルの貿易収支では赤字が定着しており，貿易取引が決定的な米ドル流出ルートになっている。

第2に，メモランダム項目の輸出依存度は約20％，輸入依存度は30％〜40％で推移しており，貿易は，エルサルバドル国内経済に与える影響が大きくなっている。

第3に，貿易品目に着目すれば，輸出品がマキラドーラ製品，低付加価値の工業製品，一次産品に偏っているのと比べると，輸入品は各種の工業製品（石油関連商品を含む），マキラドーラ製品の投入財となっている。エクアドルにおいて原油とバナナが有力な輸出品として存在しているのとは異なり，エルサルバドルにおいて，一次産品は価格低迷や輸出競争力低下に直面するなかでシェアを低下させており，問題の多いマキラドーラ製品が輸出の中心になっている。マキラドーラ製品の輸出は，エルサルバドル国内で行われているのは労働集約的な工程での生産であるために獲得可能な付加価値が小さく技術的にも低水準にあること，生産する際に投入財の大部分を外国から輸入する状況にあ

図表4-7 エルサルバドルにおける貿易動向

(単位:100万ドル)

	2009年	2010年	2011年	2012年	2013年	2014年	2015年	2016年
貿易収支	-3,459	-3,917	-4,656	-4,919	-5,281	-5,240	-4,930	-4,519
輸出総額	3,866	4,499	5,308	5,339	5,491	5,273	5,485	5,335
一次産品	319	343	597	467	425	289	328	235
非伝統的な産品	2,602	3,127	3,642	3,766	3,908	3,961	4,044	3,945
マキラドーラ製品	945	1,029	1,069	1,106	1,158	1,024	1,112	1,155
輸入総額	7,325	8,416	9,965	10,258	10,772	10,513	10,415	9,855
消費財	2,746	3,064	3,516	3,666	3,923	3,948	3,889	3,794
中間財	2,945	3,652	4,524	4,600	4,620	4,462	4,315	3,890
資本財	1,030	1,087	1,287	1,275	1,477	1,425	1,601	1,588
マキラドーラ製品	605	614	637	717	752	678	610	583
〔メモランダム〕								
マキラドーラ製品の収支	341	415	432	389	406	346	503	572
石油関連の輸入額	1,086	1,349	1,693	1,896	1,966	1,746	1,352	1,089
原油価格(WTI、1バレル=ドル)	61.9	79.4	95.0	94.1	98.0	93.3	48.7	43.3
輸出依存度(%)	18.7%	21.0%	22.9%	22.4%	22.5%	21.0%	21.2%	20.0%
輸入依存度(%)	35.5%	39.3%	43.1%	43.1%	44.2%	42.0%	40.3%	36.9%

注1) 2014年以降は暫定値。
注2) マキラドーラ製品の輸出と輸入は、国際収支統計の輸出と輸入に含まれていないため、図表4-6と図表4-7のデータは厳密には一致しない。マキラドーラ製品の収支は、国際収支統計における委託加工サービス収支にほぼ一致している。
注3) 輸出(輸入)依存度は、GDPに対する輸出総額(輸入総額)の比率で計算(単位は%)。ただし、2016年のGDPはIMFの予測値。
出所) 貿易品目はCentral Reserve Bank of El Salvador公表資料、GDPはIMF資料、原油価格はBP, *Statistical Review of World Energy June 2017*より採録して筆者作成。

ること、これらの結果として製造業の育成につながっていないことといった問題を抱えている。

　次に、こうした貿易動向に示される国内産業構造を整理しておこう。

　第1に、エルサルバドルの生産基盤の脆弱性である。エルサルバドルの輸入品は、消費財、資本財、中間財といった形であらゆる工業製品に及んでおり、主要輸出品であるマキラドーラ製品の生産に必要な投入財も含んでいる。このことは、エルサルバドルが、国内で使用する財や有力な輸出品を自国内でほとんど生産できておらず、消費財の大部分を輸入に頼らざるをえない状況や、マキラドーラ製品を含む工業製品を国内生産するのにも中間財・資本財・投入財の輸入を必要とする状況、そして、生産力を十分に備えていない状況を示している。

第 2 に，エルサルバドルの抱える資源事情である。エルサルバドルは，石油の大部分を輸入に依存する状況にある。そして，エルサルバドルの石油関連商品の輸入（図表 4-7 のメモランダム項目）は，2009 年～ 2014 年までの価格上昇とともに増加している一方で，2015 年以降の価格下落のなかで大きく減少している。ここからは，天然資源に乏しいうえに精製能力も不十分であるために，エルサルバドルの輸入が原油価格の変動に左右されやすい状況になっていることが示される。

　以上のように，エルサルバドルの貿易動向を検討してきた。エルサルバドルの貿易は，輸出・輸入依存度の高さという量的側面，また，国内で使用する財の大部分を輸入に依存している質的側面の両方で国内経済と密接な関係を持ち，国内通貨流通に直結している。その一方で，エルサルバドルの貿易は，一次産品とマキラドーラ製品を輸出して工業製品を輸入する脆弱な構造，そして，国内経済の減速によっても輸入が消減せずに国内経済の加速とともに輸入が増加しやすい構造になっており，経常収支赤字の要因さらには決定的な米ドル流出ルートになっている。

2　移民送金

　第 2 項では，エルサルバドルをめぐる移民送金の動向を検討する。

　移民送金は，『第 6 版』の国際収支統計において，①短期滞在労働者の雇用者報酬（Compensation of employees, 第一次所得収支に計上），②長期滞在労働者の送金（Workers' remittances, 第二次所得収支に計上），③移民による資本移転（Other capital transfers, 資本移転等収支に計上）の 3 つで計上される。とくに断りがない限り，本節では，②の長期滞在労働者の送金を，移民送金として取り上げる。

　移民送金は，2009 年の 33 億ドル→ 2012 年の 38 億ドル→ 2014 年の 41 億ドル→ 2016 年の 45 億ドルと年々増加し，過去最高額を更新しながら推移している。

　最初に，いくつかの経済指標との対比に基づいて，エルサルバドルにおける移民送金の位置づけについて整理しておこう（図表 4-8）。まず，移民送金は，対 GDP 比では全期間を通じて 15％～ 17％とかなり大きな規模で推移してお

図表4-8 エルサルバドルの各種経済指標に対する移民送金の比率

(単位:%, 移民送金のみ100万ドル)

	2009年	2010年	2011年	2012年	2013年	2014年	2015年	2016年
GDP	16.4%	16.1%	15.7%	16.3%	16.2%	16.5%	16.5%	17.1%
経常収支	-1084.9%	-648.5%	-326.3%	-303.2%	-248.3%	-341.1%	-461.3%	-862.4%
対内直接投資	918.6%	-3053.4%	2961.2%	866.6%	1624.7%	811.6%	859.2%	940.6%
移民送金	3,387	3,455	3,627	3,880	3,937	4,133	4,270	4,576

注1) 経常収支が赤字化した際や対内直接投資が流出超過になった際の比率はマイナスで表示される。この時のマイナスの表示は、経常収支の赤字化や対内直接投資の流出超過を示すために用いており、これらの資金流出に対して移民送金がどの程度の規模になっているのかを示している。
注2) 移民送金はグロスの受取。
出所) 図表4-6および図表4-7を再構成して筆者作成。

り，エルサルバドル経済の移民送金への依存度の高さが示される。また，移民送金は，対内直接投資との対比では8倍近く，多い時には10倍以上になっているとともに，経常収支を黒字化するにいたらなくとも赤字幅を抑制している。このように，エルサルバドルでは，移民送金が，国内経済と対外経済の両面において，そして，なによりも米ドル獲得の主要ルートとして，極めて重要な意義を持っている。

移民送金は，長期滞在して現地居住者になっている労働者の活動にともなって生じる。そのため，主要な米ドル獲得ルートである移民送金の性格をつかむ際には，外国居住エルサルバドル人の動向を見ることが必要になる（図表4-9）。

外国居住エルサルバドル人の居住先を確認しておこう。やや古いデータになるが，世界各国の移民の動向を網羅したGlobal Migrant Origin Database [24] によれば，2000年時点で外国居住エルサルバドル人は約92万人いて，そのうちで在米国が約83万人（外国居住エルサルバドル人全体の89％）であり，米国が主要な居住先となっている。

このことを踏まえて，以下では在米エルサルバドル人の具体的な動向を見ていく。ここでは，在米エルサルバドル人について，規模，米国への移民の背景，経済的状況の3点に整理しておこう。

第1に，在米エルサルバドル人が非常に多いことである（図表4-9）。図表4-9は，参考までに，時期を2005年までさかのぼって表示している。米国生まれと母国（エルサルバドル）生まれでは時期が微妙に異なるが，特徴的な動きが見られる。

第4節　エルサルバドルの対外経済関係

図表4-9　外国居住エルサルバドル人と移民送金の動向
(単位：万人，移民送金は100万ドル，%はエルサルバドル国内人口に対する比率を指す)

	エルサルバドル国内人口	在米エルサルバドル人						移民送金(受取)
		合計		母国生まれ		米国生まれ		
2005年	607	124.0	20.4%	85.1	14.0%	38.9	6.4%	3,017
2006年	610	136.4	22.4%	91.5	15.0%	44.9	7.4%	3,471
2007年	612	147.3	24.1%	97.5	15.9%	49.9	8.2%	3,695
2008年	615	156.0	25.4%	101.0	16.4%	55.1	9.0%	3,742
2009年	618	173.6	28.1%	108.9	17.6%	64.7	10.5%	3,387
2010年	622	182.8	29.4%	114.0	18.3%	68.8	11.1%	3,455
2011年	626	195.2	31.2%	116.8	18.7%	78.4	12.5%	3,627
2012年	630	n.a.	n.a.	n.a.	n.a.	n.a.	n.a.	3,880
2013年	634	197.5	31.2%	117.3	18.5%	80.2	12.6%	3,937

注) エルサルバドル国内人口は，外国居住エルサルバドル人の数を含んでいない各年央調査時点の数字。
出所) Central Reserve Bank of El Salvador, IMF, Pew Hispanic Centerの各種資料より筆者作成。

　まず，米国生まれと母国生まれを合計した在米エルサルバドル人は，絶対数では2005年の124万人→2008年の156万人→2011年の195万人，エルサルバドル国内人口に対する比率では2005年の20%→2008年の25%→2011年の30%とそれぞれ推移している。このことは，エルサルバドル国内人口の約4分の1に匹敵する人数が米国に所在していることを示している。

　また，より細かく見ると，母国生まれの在米エルサルバドル人は2005年の85万人（エルサルバドル国内人口に対する比率で14%）→100万人を超えた2008年の101万人（同じく16.4%）→2010年の114万人（同じく18.3%）と増加するとともに，米国生まれの在米エルサルバドル人は2005年の約39万人（エルサルバドル国内人口に対する比率で6.4%）→2009年の64.7万人（同じく10.5%）→2011年の78.4万人（同じく12.5%）と増加している。

　さらに，この点とも関連して，母国生まれの在米エルサルバドル人が米国生まれの在米エルサルバドル人を上回っている（たとえば，2008年において，前者が約101万人に対して，後者が約55万人）が，相対的には両者の差は縮まりつつあり，両者ともに増加傾向にある。

　こうして，在米エルサルバドル人はリーマン・ショックや世界同時不況に見舞われた2008年と2009年ですら減少せずに一定規模が維持されたうえに，より長期的に見れば，在米エルサルバドル人の「現地化」と，米国への新規移民

（母国生まれの在米エルサルバドル人）の増加が同時に生じている。エルサルバドル経済における移民送金の重要性の高さは，こうした外国居住エルサルバドル人の多さと関連している。

　第2に，エルサルバドル人による対米移民の背景についてである[25]。過去にさかのぼると，エルサルバドル人による対米移民は，1950年代と1960年代の段階では一握りの上流階層が中心であったために規模が小さかった。その後，1980年代の中米紛争や，エルサルバドル国内における労働力の過剰化，土地をめぐる争い，農業部門の衰退によって，米国の豊かさと機会を手にすることを目的とする対米移民が増加していった。この時に形成された在米エルサルバドル人のネットワークやコミュニティが，その後における米国への移民を維持する環境を形成していくことになる。

　そして，現代では，移民や外国居住者への対応がエルサルバドルにとって政策上の焦点の一つになり，各主体による活動が拡大している。まず，エルサルバドル政府は，外国居住エルサルバドル人に対する外国政府による保護の拡大を求めるロビー活動や，外国居住者から強いニーズが出されているカウンセラーサービスや情報の提供，法的支援といった活動を行っている。また，2002年に，外国居住エルサルバドル人のための経済成長戦略の提案と連帯の維持を目的とするDirectorate General of Attention to the Communities Abroadが設立されている。さらに，Social Investment Fund for Local Developmentは，小さな一時的な機関として発足し，やがて社会インフラ構築のためのプログラムとなっていった。こうして，エルサルバドルでは，移民の増加や，移民送金への依存度の高まりを反映して，移民に対する政策や各種の取組が存在しており，このことが移民送金を支える要因になっている。

　第3に，在米エルサルバドル人の経済的状況についてである。まず，Pew Hispanic Centerによれば，2013年時点で在米エルサルバドル人の年間所得（16歳以上の一人当たり年間所得の中央値）は2万800ドルであり，エルサルバドルの一人当たりGNP（国民総生産）が約4000ドルである[26]ことを考えると，非常に高い水準にある。その一方で，在米エルサルバドル人の雇用事情を見ると，雇用職種としては女性はクリーニングサービス，家政婦，男性は建設業，輸送業，飲食業が中心となっており，雇用形態としては正式な契約や手当がな

[コラム] 移民送金をめぐる諸論点＊

　エクアドルとエルサルバドルでは，移民送金が非常に重要な役割を果たしている。エルサルバドルにおける移民送金の検討をすませたこの段階で，移民送金について，その性格や問題点，米国との関わりを中心に整理しておこう。
　最初に，移民送金の性格と問題点についてである。
　外国居住のエクアドル人とエルサルバドル人は，低所得層の割合が高いこと，また，所得が高い層ほど母国に送金しなくなることから，移民送金の大部分は低賃金労働者によって行われている。しかし，移民送金は，移民労働者の多さから資金としてまとまった金額になるとともに，移民のネットワークやコミュニティのような各種の社会的関係や政府の取組を中心とする社会・政治的な側面や，「母国にいる家族を支えるため」という送金を行う強いインセンティブが存在する。
　このことは，移民送金に3つの性格をもたらす。1つ目に，移民送金は，市況によって反転する可能性がある一次産品輸出とは異なり，リーマン・ショックの起きた2008年や世界同時不況となった2009年ですら一定程度の金額が維持されたように，居住先の景気低迷時にも著しく減少することはない。2つ目に，移民送金は，資本輸入とは異なり，元利支払の必要性がないうえに，流入が安定し，母国で経済危機や自然災害が発生した時にも母国に流入しやすい。3つ目に，米国が財政コストを負担する形で提供している社会保障・治安維持・教育・インフラなどの公共サービスを在米移民が享受すれば，「ドル化」国は間接的な形で米国から「財政移転」を受けることになる。こうして，移民送金は，（他の手段では外貨を稼ぐ基盤の弱い発展途上国でも）安定的かつ継続的に流入し，付随的な効果を享受できる外貨獲得源としての性格を持っている。
　その一方で，移民送金には，問題も存在している。まず，移民送金の背景にある国際労働力移動は，雇用が母国で少ないことの裏返しであるとともに，母国にとって「頭脳流出」や国内労働力市場の空洞化にもつながる。また，外国居住者は滞在期間が長くなるほど送金しなくなる傾向にあることから，移民送金の受取国は，送金獲得のために移民を常に送り出す必要性にも直面している。
　このようにして，移民送金は，安定要因と不安定要因の両方を含んでいる点に留意する必要がある。そして，このことによって，発展途上国の開発資金をめぐる議論のなかで，移民送金は一つの焦点となっている。
　次に，移民送金が持つ米国との関わりについてである。在米ヒスパニック

は，米国における最大規模のマイノリティーであり，選挙戦への大きな影響力を持つために，移民論争の要因になってきた。移民論争においては，低賃金の移民労働力の増加にともなう国内雇用への（悪）影響や社会的コスト増加（教育や社会保障，犯罪への対応など）に着目したマイナス面と，低賃金労働力や活力の提供，移民の母国に対する米国の政治的影響力の増大に着目したプラス面が論点となっている。

その一方で，移民労働者は，米国において，大都市のサービス業や衰退過程にある製造業で雇用されており，低賃金労働力の供給主体として，また，個人消費や住宅購入の需要主体として，1990年代と2000年代に見られた好成長と低インフレが共存する米国の経済活況の要因を作り出した側面があり，米国の国民経済にとって重要な意味を持っている。そして，このことは，米国経済が，移民労働者の存在によって，「南北問題」や「第三世界」を国内に抱える形での成長構造を持っていることも示している。なお，米国経済は，1990年代には「ニューエコノミー」，2000年代には「グレートモデレーション」と称されたが，（後から振り返れば，）1990年代にはITバブル，2000年代には住宅バブルとしての側面を持っていたことは記録に新しい。

「ドル化」国にとって重要な米ドル獲得源となっている移民送金の動向は，米国の移民政策によっても左右される。米国の移民政策は，米国の政策における大きな論点の一つとして，移民受入の規模，方法，対象とする国・地域をめぐって，不法移民への対応やテロ対策とも関わりながら，揺れ動いてきた。「ドル化」国が獲得する移民送金の持続可能性は，2017年初頭に政権の座に就いたドナルド・トランプ大統領の(強硬かつ高圧的な)政策によって変化するのか否かが論点になりうる。その一方で，米国と「ドル化」国（さらには移民の送出国）における双方の国民経済上の要請，また，移民のネットワークやコミュニティが根強く存在することを踏まえれば，移民送金は持続可能だと見ることもできる。

＊本コラムでは，下記に掲載した文献を参照して整理する。とくに，①移民送金の性格と問題点について，櫻井［2006b］をベースに，移民送金に付随して発生する効果を「財政移転」として捉える松井［2009b］(54-56頁)や櫻井［2011a］で補完しながら，②移民と米国の関係について，選挙戦への影響や移民論争の論点は松井［2009a］(49頁)，米国の成長構造をめぐる論点は伊藤［2017］，櫻井［2006a］(252-254頁)，櫻井［2009］(53-55頁)，北條［2017］を中心に参照して，整理を行った。

国際労働力移動や移民送金については数多くの文献が存在する。

まず，全般的な研究については，櫻井［2010］，Castles and Miller［2009］，Koser［2016］，Powell［2015］が，移民をめぐる歴史・現状・政策・論点・問題の整理，先行研究の詳細なサーベイ，今後の展望を行っている。関連して，大泉・牛島編［2005］，西山［2016］は，歴史も

踏まえながら，最近の米国における移民をめぐって，政策，出身元別の動向，政治的および社会的な諸論点をコンパクトに整理している。
　　また，国際労働力移動論が，米国の大都市（グローバル都市）を分析の中心において移民の送出国と米国双方に焦点を当てて国際労働力移動を世界経済のなかに位置づけたSassen [1988] を嚆矢として，本邦研究者ではSassen [1988] の問題意識を受け継いだ伊豫谷 [2001]，森田編 [1987]，森田著（室井編）[1997]（とくに第6章および第7章）によって，形成されてきた。
　　さらに，発展途上国の開発における移民送金をめぐる議論・論点・問題については，The World Bank [2006] を嚆矢として，この文献と前後して，アカデミックな立場での内多 [2005, 2006, 2009]，桑原 [2005]，櫻井 [2006b] や櫻井 [2016]（とくに第1節），松井 [2009a]，現地調査に基づくSuro [2003] やWaldinger [2007] によって整理されている。
　　このように，国際労働力移動や移民送金をめぐる研究領域が形成され，多くの研究が蓄積されてきた。そして，この分野の研究を「ドル化」政策に関連づけた研究としては，松井 [2009a, 2009b, 2009c, 2011a, 2011b, 2013, 2016] が必須の文献となっている。松井氏の研究は，米国への国際労働力移動とそれに付随する在米ヒスパニックの経済活動や選挙戦への影響に着目して米国と中南米地域の経済関係の実態に基づいて「ドル化」政策を検討した点，また，通貨政策の議論のなかに移民送金の視点を入れた点に意義がある。
　　その一方で，「ドル化」政策の分析において，本書は，対外経済関係全般に視点を広げて分析している点（第4章），松井氏の課題設定に含まれておらず議論の対象にされていなかった通貨制度（本書全体の内容）に焦点を当てて議論している点に特徴がある。

く，(法定水準以下の) 低い賃金しか得られない非正規雇用が多くなっている[27]。
　以上のようにして，移民送金は，エルサルバドルにとって米ドル獲得源として重要な役割を果たしていること，また，低賃金労働に従事している外国居住エルサルバドル人によって支えられていることに特徴がある。そして，エルサルバドルにおける移民送金は，送金が安定的に維持される背景には移民のネットワークやコミュニティをはじめとする各種の社会的関係や政府の取組があるために社会的・政治的な側面，そして，送金の源泉として多くの外国居住エルサルバドル人が存在しているために世界経済の重要な構成要素の一つである国際労働力移動との強い関わりを持っている。こうした諸要因によって支えられた移民送金を通じた米ドル獲得が，エルサルバドルの「ドル化」政策の基盤になっている。

3　資本取引と第一次所得収支

　第3項では，対内（対エルサルバドル）投資の規模と形態，対外債務と第一次

所得収支を中心に,エルサルバドルにおける資本取引を通じた米ドル獲得の性格を検討する(再び図表4-6)。

　最初に,グロスの対内投資の動向である。グロスの対内投資では,大きな変動が見られトレンドをつかみにくい点に不安定な動きがあらわれているものの,直接投資,証券投資,「その他投資(負債)」の各項目で一定程度の資金流入が見られる。とくに,エルサルバドルは,対内直接投資では輸送・通信におけるハブ機能の強化やサービス経済化を経済成長戦略の柱にしていることによって金融機関や通信関連企業の投資を引き付けることに,また,対内証券投資では「ドル化」政策の効果としての為替リスク消滅やリスクプレミアム低下によって国際金融市場での国債販売に,それぞれ成功している[28]。こうして,エルサルバドルは,一定程度の資金を引き付けることに成功し,経常収支が赤字のなかで,経常収支赤字のファイナンス,そして,米ドルの一方的流出の防止,国内通貨流通向け資金の獲得が可能になっている。

　次に,対外債務と第一次所得収支の赤字について検討しておこう。エルサルバドルへの対内投資は,エルサルバドルの投資環境の良好化を反映して行われていること,また,エルサルバドル経済の強化につながることといった積極的な側面を持つが,対外債務を増加させる要因にもなる。実際に,エルサルバドルの対外債務は,ネットベースでは2009年に100億ドル規模に,2014年には約150億ドル,2016年には160億ドルになっており,グロスベースでは,2009年時点には170億ドルだったが,2012年には200億ドルに達しており,拡大傾向にある。

　そして,こうした対外債務によって第一次所得収支の赤字が生み出されている。その赤字は2009年から2011年まで5億～6億ドルで推移したのちに,2011年以降には年々増加して,2014年以降には10億ドル台で推移しているように,エルサルバドルは,多額の対外的な利払を行っている。

　以上のように,エルサルバドルは,資本取引を通じて米ドルを獲得できているが,そのことが対外債務累積と第一次所得収支赤字につながる状況になっている。

4 小括

　第4項では，本節の結論として，以上検討してきたエルサルバドルの対外経済関係について整理しておこう。

　エルサルバドルでは，脆弱な生産構造のために一次産品と（低付加価値で国内製造業の育成につながっていない）マキラドーラ製品を輸出して工業製品を輸入する貿易構造によって，貿易赤字とそれによる経常収支赤字という決定的な米ドル流出ルートが存在する。その一方で，外国居住エルサルバドル人の動向を反映した移民送金の受取を中心とする第二次所得収支黒字と，対内直接投資・対内証券投資・「その他投資（負債）」といった各種の資本取引が米ドル流入ルートとして存在している。こうしたことは，①安定的に確保できる移民送金（エクアドルに比べて依存度が非常に高い），②経常収支赤字ファイナンスの必要性ともあいまって債務形成や利払をともなう資本輸入を通じた米ドルの獲得が，エルサルバドルの「ドル化」政策の基盤であることを意味している。

第5節　パナマの対外経済関係

　第5節では，パナマにおける国内通貨流通の究極的な規定要因となる米ドル流出入に密接に関連する対外経済関係を，国際収支（図表4-10）を軸に検討する[29]。本節で用いるパナマの国際収支統計は，『第6版』に準拠している。金融収支項目において，プラスの符号は資産の増加および負債の増加，マイナスの符号は資産の減少および負債の減少を示すことに注意されたい。

　パナマを検討する際の統計の取り上げ方は，エクアドルやエルサルバドルとは異なっている。まず，パナマの公表データは煩雑であり，時系列で一貫したデータを取り込むのが困難であることから，本節では，IMFやJETROの公表データを用いている。また，パナマにおいて，「現預金（資産）」の動向は，そもそも統計的に明らかにならないうえに，国際金融センターとして対内投資と対外投資が大規模に行われていることから，（たとえ統計的に明らかになるとしても）「現預金（資産）」の項目を金融収支やグロスの対外投資から取り除くと，

パナマの対外金融構造が見えにくくなってしまい,逆に,「総合収支」が過大評価されてしまう可能性があるために,「総合収支」を設定しないことにした。

さて,米ドルの獲得・蓄積の基盤となり,米ドル流出入の性格を規定するパナマの対外経済関係の概要(図表4-10)を2点に整理しておこう。第1に,経

図表4-10 パナマの国際収支

(『第6版』ベース,単位:100万ドル,メモランダム項目は億ドル)

	2009年	2010年	2011年	2012年	2013年	2014年	2015年	2016年
経常収支	-212	-3,113	-4,523	-4,177	-4,401	-6,730	-3,809	-3,098
貿易収支	-2,194	-4,564	-6,585	-7,051	-6,986	-8,942	-6,553	-5,782
輸出	13,163	14,146	19,076	21,079	19,599	16,841	15,931	14,702
輸入	-15,357	-18,710	-25,662	-28,130	-26,585	-25,783	-22,484	-20,484
サービス収支	3,304	3,624	3,806	5,054	5,230	6,438	7,504	7,920
輸送収支	1,931	1,894	1,818	2,450	2,774	3,312	3,482	3,737
旅行収支	1,146	1,347	2,014	2,598	2,624	2,731	3,335	3,553
その他サービス収支	227	383	-26	7	-168	395	687	631
第一次所得収支	-1,448	-2,311	-1,914	-2,268	-2,707	-4,348	-4,654	-5,081
投資収益収支	-1,457	-2,321	-1,938	-2,297	-2,735	-4,456	-4,738	-5,158
雇用者報酬収支	9	10	24	30	28	108	84	77
第二次所得収支	126	138	171	88	63	122	-106	-155
資本移転等収支	30	43	22	17	28	24	27	24
金融収支	258	-2,803	-4,864	-3,693	-4,478	-5,292	-3,876	-5,184
対外投資	2,962	5,178	5,736	3,605	4,693	8,270	8,233	538
対外直接投資	-174	143	1,419	-103	660	855	1,091	918
対外証券投資	915	898	760	18	657	1,103	1,562	218
その他投資(資産)	1,594	3,870	3,881	3,582	2,988	5,132	5,655	-1,090
金融派生商品(ネット)	57	-45	-70	71	-13	-42	2	-117
外貨準備増減	570	312	-253	37	401	1,222	-78	609
対内投資	2,704	7,981	10,601	7,298	9,171	13,562	12,109	5,722
対内直接投資	1,086	2,549	4,396	3,382	4,272	4,984	5,058	5,978
対内証券投資	1,323	1,588	1,658	502	1,177	2,075	1,778	376
その他投資(負債)	295	3,844	4,547	3,414	3,722	6,503	5,273	-633
誤差脱漏	441	267	-364	467	-106	1,414	-94	-2,110
[メモランダム]								
ネット対外ポジション	-143	-167	-233	-265	-317	-351	-387	-439
対外総資産残高	452	505	551	588	623	717	806	812
その他投資(資産)	300	338	369	408	427	486	547	536
外貨準備	37	40	38	26	30	42	41	47
対外総負債残高	595	672	784	853	940	1,068	1,193	1,251

注1)金融収支項目において,プラスの符号は資産の増加および負債の増加,マイナスの符号は資産の減少および負債の減少を示す。

注2)ネット対外ポジションは[対外総資産残高-対外総負債残高]で計算。マイナスの符号はパナマの対外純債務を示す。

出所)IMF, *Balance of Payments Statistics,* および *International Financial Statistics* より筆者作成。

常収支に関して，サービス収支は大幅な黒字，貿易収支と第一次所得収支は大幅な赤字，第二次所得収支は（2014年まで）小幅な黒字[30]であり，サービス収支黒字が米ドルの獲得源になっている一方で，経常収支全体は赤字となっており米ドルの流出ルートになっている。第2に，経常収支が赤字のなかで，そのファイナンスのために，また，国内通貨流通用の米ドル獲得のために，資本輸入が必要になっている。

以下，パナマの対外経済関係の基本的な特徴を，主要な米ドル流出入ルートである貿易，サービス取引，資本取引と第一次所得収支を中心に検討していこう。

1　貿易

第1項では，パナマにおける貿易の動向を検討する。

パナマの貿易を見る際には，パナマの自由貿易地区で行われる「コロンフリーゾーン（Colon Free Zone）貿易」（以下，コロンフリーゾーンをCFZ，CFZで行われる貿易を「CFZ貿易」とそれぞれ表記）と「通常貿易」にわけて考える必要があることを踏まえて，「CFZ貿易」と「通常貿易」にわけたうえで「通常貿易」の具体的な品目を表示した後掲図表4-12を用いる。図表4-12は，国際収支統計における貿易収支のデータと厳密には一致せず，2006年から2008年までの3年分のデータであるために時期もずれているが，パナマの貿易の特徴を考える素材になる。

最初に，パナマの貿易の基本動向を整理しておこう。まず，パナマの貿易収支（図表4-10）は，全期間を通じて，赤字である。とくに2000年代後半において，貿易収支は，2010年の約45億ドルの赤字，その後には50億ドル以上の赤字で推移している。そのため，パナマでは時期に限らず貿易赤字が発生しており，貿易は米ドルの流出要因になっている。また，図表4-11に表示した貿易依存度について，全体的には「CFZ貿易」と「通常貿易」の両方を含む輸出依存度は40％強，輸入依存度は60％以上で推移していること，パナマ国内の経済活動をより強く反映している「通常貿易」では輸出依存度が4％～5％程度なのに対して輸入依存度が30％前後と非常に高いことから，パナマでは国内経済に与える貿易とくに輸入の影響が大きいことを確認できる。

図表4-11 パナマの貿易依存度―貿易形態別

(単位：％)

	2006年	2007年	2008年
輸出総額	47.9%	46.0%	43.9%
再輸出 (CFZ)	42.2%	40.7%	39.2%
通常輸出合計	5.6%	5.4%	4.7%

	2006年	2007年	2008年
輸入総額	64.1%	69.2%	73.8%
一時輸入 (CFZ)	37.6%	36.4%	36.9%
通常輸入合計	26.6%	32.8%	36.9%

注）輸出（輸入）依存度は，GDPに対する輸出額（輸入額）の比率で計算。
出所）IMF, *International Financial Statistics*，および後掲図表4-12より筆者作成。

図表4-12 パナマの貿易動向

(単位：100万ドル，輸出・輸入ともにプラスの符号で表示)

	2006年	2007年	2008年
輸出総額	8,688	9,650	10,769
（貿易収支）	(-2,948)	(-4,853)	(-7,337)
再輸出 (CFZ)	7,666	8,523	9,624
（CFZ貿易収支）	(848)	(890)	(569)
通常輸出合計	1,022	1,127	1,145
（通常貿易収支）	(-3,796)	(-5,743)	(-7,906)
魚介類	296	288	340
メロン	96	115	117
バナナ	109	112	99
スイカ	70	87	97
パイナップル	37	43	37
皮革	13	20	5
牛皮	31	16	0
牛肉	14	12	15
非精製糖	21	18	15
コーヒー	13	16	15
衣類	10	12	11
石油派生品	8	8	7
その他	304	380	387

	2006年	2007年	2008年
輸入総額	11,636	14,503	18,106
一時輸入 (CFZ)	6,818	7,633	9,056
通常輸入合計	4,818	6,870	9,050
消費財	2,054	2,911	4,078
非耐久	658	811	1,001
半耐久	373	507	627
家庭用品	177	362	585
燃料・潤滑油	845	1,231	1,865
中間財	1,489	2,004	2,667
農業用原材料	113	153	197
工業用原材料	831	1,099	1,374
建設資材	502	682	981
その他中間財	44	69	115
資本財	1,275	1,955	2,306
農業用	29	40	47
建設用	274	601	807
輸送・通信機器	416	624	757
その他資本財	556	691	694

注1）貿易収支は［輸出総額-輸入総額］，CFZ貿易収支は［再輸出-一時輸入］，通常貿易収支は［通常輸出合計-通常輸入合計］で計算。
注2）CFZはコロンフリーゾーン（自由貿易地区）の略称。
注3）国際収支統計の貿易額とは厳密には一致しない。
出所）日本貿易振興機構［2008］の表1（132頁），および日本貿易振興機構［2009］の表1（134頁）をもとに筆者作成。原資料は，パナマ会計検査院，および，パナマ経済財務省。

　次に，貿易を通じた米ドル流出入の性格を見るために，パナマにおける貿易取引の具体的な中身を産業構造にも留意しながら，図表4-12に基づいて検討していこう。

第 5 節　パナマの対外経済関係　123

　第 1 に,「CFZ 貿易 [31]」についてである。「CFZ 貿易」では税金が免除されていること,また,パナマが重要な地理的位置にあることから,CFZ は貿易中継基地や国際ロジスティックスセンターとして機能してきた。この CFZ において行われている財の「一時輸入」,および,「一時輸入」された財の「再輸出」が,「CFZ 貿易」の主要な構成要素になっている。

　「CFZ 貿易」は,「再輸出」で輸出総額の 8 割近く,「一時輸入」で輸入総額の半分近くを占め,パナマの貿易において大きな比重を占めている。その一方で,「再輸出」されるまでに CFZ 内で行われるのは「一時輸入」された財の保管か簡単な作業（たとえば,収納容器詰替やラベル張替）が中心であるために,「CFZ 貿易」は,パナマに大きな付加価値をもたらしているわけではなく,国内製造業の育成にはつながっていない。そのため,「CFZ 貿易収支」は黒字ではあるが,その黒字幅は 2006 年の 8.4 億ドル, 2007 年の 8.9 億ドル, 2008 年の約 5.7 億ドルときわめて小規模にとどまる。

　第 2 に,「通常貿易」についてである。「通常貿易収支」の赤字は,2006 年の約 38 億ドル,2007 年の 57 億ドル,2008 年の 79 億ドルと大きな規模になっている。貿易の具体的な特徴を示す貿易品目を見るだけで,パナマの「通常貿易」は,農産物（スイカ,メロン,バナナ）や魚介類（魚,エビ）といった一次産品を輸出して,最終消費財・中間財・資本財の各種の工業製品を輸入する構造になっていることが分かる。

　この背後にあるパナマの国内産業構造にもふれておこう。

　まず,パナマでは,GDP の 8 割近くをサービス業が占めていることから,国内産業における製造業のシェアが非常に小さい。わずかに存在する製造業は,中間財や資本財の供給能力を持たず,国内産の農牧畜産品原料を用いて国内市場向けの消費財を生産することにとどまる小規模な軽工業である [32]。その結果,パナマは,有力な輸出向け工業製品が存在しない状況や,消費財の大部分を輸入に頼らざるをえない状況,国内で生産可能な軽工業品を生産するのにも中間財や資本財の輸入を必要とする状況になっている。そのため,パナマでは,国内景気の大きな減速によって輸入が減少することはあっても,輸入そのものがなくならず,貿易赤字が発生する構造が定着している。

　また,輸出品の一角を構成する農産物を生産する農業は,土地の絶対的不足

や斜面が多く高温多雨の環境といった農業に適していない自然条件や，偏った土地所有構造といった社会的条件が発展の制約要因となり[33]，強い競争力を持っていない。

このように，パナマの貿易は，「CFZ貿易」では付加価値そしてネットの黒字が小さい構造，また，「通常貿易」では，有力な製造業がパナマに存在しないために，輸入が恒常化するとともに，(競争力が必ずしも強くない) 一次産品を輸出して工業製品を輸入する構造になっている。そのため，貿易収支全体では赤字が定着しており，貿易は，継続的な米ドル流入を必要とする「ドル化」国パナマにおいて決定的な米ドル流出ルートになっている。

2　サービス取引

第2項では，サービス取引の動向を検討する (再び図表 4-10)。サービス収支は，大幅な黒字になっている。その黒字額は，2009年～2011年に30億ドル台，2012年の50億ドル→2014年の64億ドル→2015年の75億ドル→2016年の79億ドルと過去最高額を更新しながら推移している。サービス収支黒字は，「輸送収支」，「旅行収支」，「その他サービス収支」の全てに及んでいる。そのため，サービス収支黒字は，パナマにとって大きな米ドル獲得ルートになっている。

パナマのサービス収支黒字の主役は，パナマを象徴するパナマ運河[34]関連の収入が多く含まれている「輸送収支」である。輸送収支の黒字額は，2009年の19億ドル→2012年の24億ドル→2014年以降の30億ドル台と増大傾向にある。

パナマ運河そのものの収入としては，パナマ運河を通航する船舶から徴収する通航料金，運河通航支援 (タグボートや牽引) サービスや通航予約システムの利用料金がある。パナマ運河は，1903年に米国とパナマの間で結ばれた「運河条約」に基づき長く米国によって収益を求めない経営方針の下で運営されていたが，1999年にパナマに返還されてパナマ運河庁に管理が移ったのちに収益重視の経営方針の下で運営されている。このような背景の下でパナマ運河の通航料金の引上げが行われるなかで，2000年代を通して世界貿易の拡大にともない船舶の通航量そのものが増大した[35]。その結果，パナマ運河そのものの収入は増大していくことになった。

輸送収支の黒字において，パナマ運河とともに発展したサービス，具体的には，パナマの港に一度集めたコンテナ貨物を別の目的地に向かう船に積み替えるコンテナトランシップメントサービス，運河通航船舶に対する燃料供給サービスや補修サービス，労働法の規制を免除された船員の提供サービスも大きな収入源となっている。

こうして，パナマ運河の存在によって，輸送収支の巨大な黒字が生み出されている。

また，パナマでは，2011年以降に，旅行収支の黒字が増加して，その規模は輸送収支とほぼ同じになっている。旅行収支の黒字の背景には，パナマ運河関連の観光スポット，森林・海岸・河川・高原といった自然，スペインの植民地時代に建設された歴史遺産を中心とする観光資源[36]によって生み出される収入がある。ただし，輸送収支の内訳項目である貨物輸送収支が大幅な赤字になっていることから輸送収支の黒字の抑制要因として存在しており，パナマ運河関連の収入が含まれるその他輸送収支の黒字は，旅行収支の黒字を依然として上回っている。

さらに，パナマが提供する秘密保護・税制・規制面の優位性の享受を目的とした外国船会社によるパナマへの船籍登録（便宜置籍制度）を支援するサービスの収入，パナマ所在の金融機関が提供する金融業務に対する手数料収入や，地理的位置を活用した通信ハブとしての通信サービス収入も，サービス収支の黒字に貢献している。

以上のように，その地理的位置を背景にパナマ運河を中心とする輸送サービスや金融サービス，通信サービス，また，観光資源を活用した観光サービスによって，パナマのサービス収支は大きな黒字となっている。サービス産業は，パナマ経済の中心であるとともに，米ドルの獲得基盤になっている。

3 資本取引と第一次所得収支

第3項では，パナマをめぐる資本取引と，それに深く関連する第一次所得収支を検討する。パナマの対外経済関係における資本取引は，極めて重要な役割を持つとともに，エクアドルやエルサルバドルとは位置づけが異なるため，本

節では第3節および第4節と異なる形で記述する。

以下,(1)では対内(対パナマ)投資の動向,(2)では対内投資の持つ意義,(3)では第一次所得収支と対外資産負債残高を詳しく検討していく。

(1) 対内投資の動向

(1)では,対内投資(ここではグロスベースの対内投資)の動向として,その規模と形態を見てみよう(図表4-10)。

対内投資全体は,世界同時不況の局面となった2009年に20億ドルの規模だったが,その後は70億ドル以上の規模で推移し,2014年と2015年には100億ドル以上になっている。その中心は,「その他投資(負債)」と対内直接投資である。

まず,「その他投資(負債)」全体では,2010年~2015年の期間に30億ドル~50億ドルで推移し,小国としては大きな規模になっている。パナマが提供する秘密保護・税制・規制面の優位性の利用を目的とする外国からパナマへの預金,また,在パナマの銀行自身による対外借入を通じた資金調達が,「その他投資(負債)」の大規模な流入になっている。

ただし,2016年に「パナマ文書」問題[37]が起きると,資金をパナマに置くことのリスクが認識されるようになり,「その他投資(負債)」は2016年に6億ドルの流出となっている。

その一方で,「パナマ文書」問題の中心にいた法律事務所モサック・フォンセカは,在パナマであっても,パナマへの資金移動だけでなく,他のタックス・ヘイブンへの資金移動を支援するサービスも提供していた。そのため,「パナマ文書」関連の資金の全てがパナマに置かれていたわけではないのも事実である。実際に,このことは,2015年までの時期におけるパナマをめぐる資本移動が「パナマ文書」問題に対する高い注目度と比較して非常に小さいこと,また,ストック面(メモランダムの「その他投資(負債)」)ではパナマに置かれた資金が「消滅」せずに一定の金額が維持されていることに示されている。

いずれにせよ,今後のパナマをめぐる資金移動を考える際には,「パナマ文書」問題発生後の動向,とくに2016年に見られた資金流出が今後も続くのか否かに注視しておく必要がある。

第5節　パナマの対外経済関係　127

　次に，対内直接投資である。対内直接投資は，2010年から2014年にかけて約25億ドル〜40億ドルで推移した後に，2015年には50億ドルの規模に達し，2016年には60億ドルの規模に迫っている。対内直接投資は，「その他投資（負債）」とは異なり，2016年に過去最高の規模になっている。パナマが持つハブ機能の活用を目的とする対内直接投資が多い。具体的には，対パナマ投資の主体は，パナマ運河を利用する港湾関係企業に加えて，エネルギーハブとしてパイプラインや石油備蓄施設を利用するエネルギー企業，顧客対応・部品供給・研修を行うリージョナル・センター構築を目指す米キャタピラー社，パナマの土木事業を担う総合開発業者，ハブ機能の活用を目指す携帯電話会社，パナマ運河の拡張工事に関わるセメント企業となっている[38]。

　このように，「その他投資（負債）」と対内直接投資を中心とするパナマへの大規模なグロスの対内投資が，パナマへの米ドル流入ルートになっている。

（2）対内投資の持つ意義

　次に，グロスの対内投資が持つパナマにとっての意義を見てみよう。それは大きく3つに整理できる（図表4-10）。

　第1に，パナマへのグロスの対内投資が，パナマの経常収支赤字をファイナンスしていることである。たとえば，経常収支赤字は2010年の約30億ドル，2011年の約45億ドル，2015年の38億ドル，同じくグロスの対内投資は約79億ドル，約106億ドル，約121億ドルと経常収支赤字を大幅に上回っており，経常収支赤字は順調にファイナンスされている。次に問題になるのが，グロスの対内投資と経常収支赤字の差額であり，これはさきに見た2010年に49億ドル，2011年に61億ドル，2015年に83億ドルになっている。この大きな差額は，グロスの対内投資が経常収支赤字のファイナンスにとどまらない役割を持っていることを示している。そこで，以下の第2と第3の点も重要である。

　第2に，パナマへのグロスの対内投資が，パナマから外国への対外投資の原資になっていることである。対外投資は，銀行部門の動きを含む「その他投資（資産）」を中心に，2010年〜2013年に30億ドル前後，2014年と2015年に50億ドル以上の規模になっている。ただし，2016年には，「その他投資（負債）」が流出超過になったことを反映して，対外投資は前年と比較して大きく落ち込んでいる。

ここから，パナマ一国全体では，対内直接投資と銀行部門（と一部は対内証券投資）を通じて流入した資金を原資にして銀行部門が中心となって大規模な対外投資を行っている姿，パナマがある種の「国際金融仲介」としての役割を担っている姿を見ることができる。角度を変えれば，パナマでは米ドル建ての取引が行われ，このことがパナマへの資金流入の要因になっているが，在パナマの市中銀行の創り出す預金通貨は「パナマの国内通貨」としての性格を持っているために，パナマ自身は米ドルを新規で供給する機能を持っているわけではなく，あくまでも「国際金融仲介」を担っていることに注意しておく必要がある。

第3に，経常収支が赤字のなかで，パナマへのグロスの対内投資が，「ドル化」政策下における国内通貨流通に必要な米ドルの供給ルートになっていることである。

このように，リージョナル・ハブや国際金融センターとしての地位を反映した対内直接投資，「その他投資（負債）」を通じたパナマへの多額の対内投資は，①経常収支赤字の「支払」とグロスの対外投資を通じてパナマから流出する部分と，パナマ国内で通貨として使用される部分があること，②経常収支赤字のファイナンス，国際金融センター所在の金融機関による対外投資の原資，国内通貨流通の確保につながっていることを確認できる。

（3）第一次所得収支と対外資産負債残高

（3）では，第一次所得収支（投資収益収支）と対外資産負債残高を見てみよう。

資本フローはストックの対外資産残高と対外負債残高を形成し，また，投資収益の受払は厳密にはストックに対して生じる。パナマの対外資産負債残高を簡単に見ると（図表4-13），負債側で対内直接投資が大きいこと，資産と負債の両方で「その他投資」が大きく拡大し，それに次いで証券投資も一定の規模に達していること，経常収支赤字を反映してパナマ全体では対外純債務国（ネット対外ポジションが大幅にマイナス）であることを確認できる。

次に，この点と（2）までで見てきたグロスの資本フローを踏まえて，投資収益収支の特徴を整理しておこう（図表4-10，および，それをグラフ化した図表4-14）。ここでは，パナマが「国際金融仲介」機能を担うことで，対外的な金融

第5節　パナマの対外経済関係　129

図表4-13　パナマの対外資産負債残高

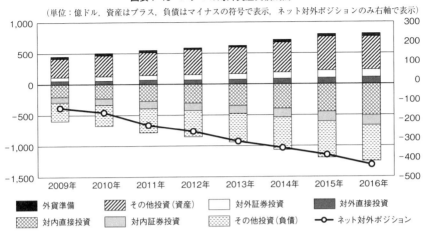

注）ネット対外ポジションは，[対外総資産残高－対外総負債残高] で計算。マイナスの符号はパナマの対外純債務を示す。
出所）IMF, *International Financial Statistics* より筆者作成。

図表4-14　パナマの第一次所得収支

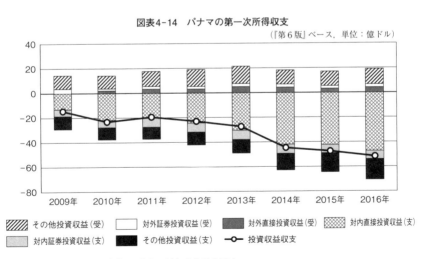

注）第一次所得収支の（受）は受取，（支）は支払を示す。
出所）図表4-10と同じ。

収益をどの程度まで獲得できているのかが焦点になる。まず，パナマは，直接投資に関連する収益支払[39]では大きな赤字を抱え，パナマの重要な米ドル獲得ルートの一つである対内直接投資が第一次所得収支赤字の大きな要因にもなっている。また，証券投資収益と「その他投資収益」の両項目ではグロスの受取と支払の両方が大きく拡大しているが，ネットベースの証券投資収益収支と「その他投資収益収支」はほぼ均衡していることから，パナマは対外的な資本取引にともなう収益を大きく稼いでいない。

こうして，国際金融センターとしての地位にあるパナマをめぐる資本フローは，片一方で，（グロスの）対内投資の形でパナマへの資金流入の要因になり，もう一方で，経常収支面での第一次所得収支赤字を生み出すことで資金流出の要因にもなっている。

4　小括

本節の結論として，以上検討してきたパナマの対外経済関係について整理しておこう。

パナマは，国内で必要な財を生産できる有力な製造業が存在しないために輸入が常に必要になることから貿易赤字という決定的な米ドル流出ルートを抱えているなかで，サービス収支の多額の黒字，また，（発展途上国でしばしば不安定になりがちであるのに対して）安定的かつ多額に流入するグロスの対内投資を中心とする米ドル獲得源を持っている。このことは，①パナマ運河を中心とするサービス業，②国際金融センターとしての地位を反映したグロスの対内投資が，パナマにおける「ドル化」政策の基盤であることを示している。

しかし，その一方で，パナマへの米ドル流入ルートである対内投資は，それを原資として行われる対外投資が大きな収益を生み出しているわけではなく（証券投資収益と「その他投資収益」のネットでの小ささ），逆に，多額の直接投資収益赤字を生み出すことで第一次所得収支赤字を通じた米ドル流出ルートを作り出している側面も持っている。

こうして，パナマの「ドル化」政策の基盤には，一つの安定要因が，別の部分で不安定要因を生み出している構図が存在している。

第6節 小括

　前節までの検討を踏まえて，第6節では本章の結論として，「ドル化」国における国内通貨流通の究極的な規定要因となる米ドル流出入に密接に関連する対外経済関係を整理する。ここでは，2点に整理しておこう。
　第1に，米ドルの獲得基盤についてである。米ドルの獲得基盤として，エクアドルの場合は一次産品の輸出，移民送金，対外借入が，エルサルバドルの場合は移民送金と各種の資本輸入が，パナマの場合はサービス収支黒字とグロスの資本輸入が存在しており，3国は共通して決定的な米ドル獲得基盤を持っている。とくに，エクアドルとエルサルバドルについては，共通して，一次産品を輸出して工業製品を輸入する貿易構造，資本流入の不安定性と純債務国としての地位，それにともなう（第一次）所得収支赤字が組み合わさった典型的な「発展途上国型の国際収支構造[40]」にあり，一見すると外貨獲得に困難を抱えているが，そうしたなかでも有力な米ドル獲得基盤を持っていることが示される。
　その一方で，エクアドル，エルサルバドル，パナマにおける米ドルの獲得基盤，すなわち「ドル化」政策の基盤には多様性も存在する。
　まず，石油の貿易をめぐって，エクアドルは原油輸出国であるのに対して，エルサルバドルとパナマは石油輸入国であるが，3国とも共通して精製能力の不足から石油精製品の輸入国であり，原油価格の影響の出方は複雑な様相を呈している。
　また，移民送金への依存度は，パナマでは非常に低いのに対して，エクアドルとエルサルバドルではともに高くなっているが，エルサルバドルではエクアドルよりもはるかに高くなっている。
　さらに，資本輸入において，エクアドルでは国際経済機関や中国（政府諸機関や，政府所有の企業や銀行）といった公的部門が中心的な資金供給主体であるのに対して，エルサルバドルとパナマでは民間部門が中心的な資金供給主体であり，とくにパナマでは国際金融センターとしての地位にあることを反映した性格を持つ資本輸入となっている。

第2に，米ドルの継続的な獲得という観点から，「ドル化」政策の持続可能性をめぐる問題にもふれておく必要がある。米ドル獲得において最も理想的であるのは，保有対外資産の取崩や対外負債の新規形成につながらないルート，すなわち，経常収支黒字を通じたルートである。この点に着目すれば，懸念要因が存在する。

　まず，エクアドルとエルサルバドルの経常収支において重要な役割を持つ移民送金は，成功した移民や滞在期間の長い移民が母国に送金しなくなる傾向にあることから，送金獲得のために多数の移民を常に送り出す必要性を持っているために，母国における人口や労働力の減少，さらには国民という「国」の構成要素の放棄につながる可能性も含んでいる。

　また，エクアドルは2000年代中盤までは経常収支黒字で米ドルを獲得できていたが，のちに経常収支が赤字化し，エルサルバドルとパナマは経常収支赤字が慢性化しているため，いずれのケースでも，経常収支赤字ファイナンスの必要性ともあいまって，資本輸入を通じた米ドル獲得が必要な状況におかれている。資本輸入は，（第一次）所得収支赤字や将来的な返済によって「ドル化」国からの資金流出の要因にもなりえ，エクアドルの場合には開発戦略の制約につながりうる条件での債務形成になっており，懸念するべきことを多く含んでいる。

　さらに，世界経済に視野を広げれば，エクアドルの「ドル化」政策については，米国やスペインといった従来から重要であった国だけでなく，中国が新たに重要な国として加わっている。とくに，輸出を大きく左右する原油価格，また，資本輸入の主要ルートである中国からの借入は，中国の経済成長や外貨準備次第であり，中国経済が行き詰まれば，困難に陥る可能性がある。

　長期的なスパンで見れば，「ドル化」国の対外経済関係は，米ドルの獲得基盤としての要素と持続可能性への懸念要因としての要素の両方を持っている。今日までは米ドルの獲得基盤としての要素のほうが強かったが，そこにひそむ懸念要因が現実のものとなった時に「ドル化」政策が行き詰まる可能性がある。しかしながら，従来では外貨獲得に困難を抱えてきた国，とくにエクアドルとエルサルバドルが10年以上も「ドル化」政策を継続してきたことから判断すると，対外経済関係が米ドルの獲得基盤としての要素を持ってきたことにはそれ

第6節　小括

なりの意義があるといえよう。

　以上のように，米ドル流出入に密接に関連する対外経済関係が，「ドル化」国における国内通貨流通の究極的な規定要因であり，「ドル化」政策継続の前提条件となっている。ここには，米ドルの獲得基盤と関連した当該国の対外経済関係が，世界経済の成長構造，石油や移民送金，「パナマ文書」といった世界経済における特筆するべき諸論点や諸相を反映しながら，各国の「ドル化」政策の性格を強く規定している構図を見ることができる。

［注］
1) 実際に，1980年代末のパナマでは，米国から受けた経済制裁によって，保有在米ドル資産が凍結され，新規ドル流入がストップするとともに，大規模な資本逃避に見舞われるなかで，預金通貨を用いた国内決済システムはマヒし，米ドル現金は大幅に不足したため，国内通貨流通や国内経済に大混乱が生じた。この点については，第1章の注10も参照されたい。
2) 一国の対外経済関係を総合的かつ体系的に検討できる国際収支の意義は，米国の国際収支を詳細に検討した松村［1985］（第1章）によって提起され，その後に松村［1988, 1993, 2002, 2004］）の発展的な研究につながり，自身の研究活動をつづった松村［2010］（262-267頁）にも再録されている。また，各国・地域のおかれた事情に対応させて国際収支を検討する重要性は，古くは松村［1985］（第1章）によって指摘され，最近では奥田［2013］（とくに219-221頁，223-224頁，233-235頁），奥田［2014c］（201頁）によって強調されている。
　本章では，こうした先駆的研究の問題意識を受け継ぎつつ，検討対象とする時期と国を変えることで独自の研究課題を追求する。
3) 2008年以前の動向については，初出一覧に示した筆者の旧稿を参照されたい。2008年以前において，エルサルバドルとパナマについては本書の分析対象時期と大きな相違はない。その一方で，エクアドルについては，いくつかの変化が見られる。この点は，第3節で後述する。
4) 『IMF国際収支マニュアル』の『第5版』から『第6版』への移行については，その内容を詳細に解説している田中［2008］，また，日本の国際収支統計における移行を取り上げている菊地［2013］，田中［2015a］，日本銀行国際局［2013］を参照されたい。
5) この関係式は，経常収支不均衡のファイナンスや「ドル化」国による米ドル獲得があたかも自動的かつ無条件に行われているように見えてしまうが，あくまでも事後的な恒等関係を示している。この恒等関係は，スムーズに進む状況も危機的状況も含めて様々な経済プロセスや局面，各種の因果関係を通じて成立する。ここで指摘した内容は，当然かつ自明のことであるように思われるかもしれないが，国際収支をめぐる従来の議論において必ずしも深く検討されてきたわけではなかった。
　こうした状況に対する批判的検討について，詳しくは，奥田［2012］（第2章），奥田［2013］（221-224頁），奥田［2014c］（201頁），奥田［2015a］（201-205頁），奥田［2015c］（130-131頁），田中［2015a］（94-100頁）を参照されたい。
6) 検討を行う際には，国際収支統計に加えて，各種の公表データをもとに筆者が作成した図表，エクアドルや世界経済に関する資料，在エクアドル日本大使館ウェブサイトの「政治・経済」も適宜用いる。在エクアドル日本大使館ウェブサイトは，エクアドル現地に関する豊富な資料を日本語で提供しており，現地情報を収集するうえで極めて有用である。
7) 図表4-2のデータとくに輸出総額，輸入総額，貿易収支において，図表4-1の国際収支統計にお

けける貿易収支の項目と若干のズレが見られるが，これらのデータの基本的なトレンドは変わらない。

8）エクアドルの貿易品目を整理する際には，新木編［2012］（第13章，第50章，第54章），新木［2007］，在エクアドル日本大使館ウェブサイトの「政治・経済」，日本外務省ウェブサイトの「各国・地域情勢」を参照した。

9）この論点を整理する際には，国際マネーフローの観点から検討した奥田［2016a］（76－88頁，96頁），中国を結節点とする世界経済の成長循環（あるいは成長が逆回転するリスク連関）構造を検討した櫻井［2016］（第4節）を参照した。

10）移民送金のルートには，統計データとして捕捉される「公式」ルートに加えて，統計データとして捕捉されにくい「非公式」ルート（ただし，必ずしも違法なルートというわけではない）も存在する（The World Bank［2006］pp.91－92）。そのため，国際収支統計に計上される移民送金の金額は過小評価されている可能性がある。

11）The Migration, Globalisation and Poverty DRC のウェブサイトより。

12）在米エクアドル人の動向を整理する際には，新木編［2012］（第57章，第60章），松井［2009a］（49－50頁），松井［2009b］（53－56頁），Jokisch［2007］，Pew Hispanic Center 資料を参照した。

13）在スペインのエクアドル人の動向を整理する際には，新木編［2012］（第57章，第60章），碇［2013］，楠［2011］（とくにⅠの第3章，Ⅲの第3章），楠［2013］，松井［2013］，Jokisch［2007］を参照した。

14）スペインからの移民送金の源泉となる給与所得は，スペインで行う労働への対価としてユーロで受け取る。このことを反映して，エクアドルへの送金は，ユーロを米ドルに交換するか，場合によっては，ユーロのまま行われる。

そのため，エクアドルでは，「ドル化」政策の下にあっても全ての対外取引が米ドル建てになるわけではなく，①「ドル化」政策のメリットとして消滅すると考えられているが，現実には為替リスクに直面している可能性，②ユーロ建ての対外取引も存在している可能性がある。そして，②については，エクアドルをめぐる資金流出入において，米ドル建て取引では流出しているのにユーロ建て取引では流入している可能性，逆に，米ドル建て取引では流入しているのにユーロ建て取引では流出している可能性を示している。

このように見ていくと，本章では外貨を全て米ドルとして扱っているが，より発展的な検討を行うためには，対外取引における通貨別の動向についても留意しておく必要がある。この論点の検討は，統計制約が大きいために推測に頼らざるをえず極めて断片的な形になり，本章に積み残された課題となる。この論点は，国際収支を通貨別に区分して分析する必要性という形で提起されている。詳しくは，米国や日本の国際収支を分析した奥田［2012］（第2章～第4章），奥田［2013，2014a, 2014c, 2015a, 2015c］，田中［2015a］を参照されたい。

15）（第一次）所得収支については2点を補足しておこう。まず，（第一次）所得収支には資本取引と直接的に関連していない雇用者報酬も含まれるが，雇用者報酬は微々たる額なので，本章では投資収益のみに着目して（第一次）所得収支を取り上げることにした。また，今日では，対外的な金融収益としては，（第一次）所得収支に加えて，価格変化や為替相場の変化にともなう対外資産と対外負債の「評価変化」が注目されているが，本章で取り上げる国の「評価変化」に関する統計を得ることはできないため，本章では取り上げないことにする。

16）エクアドルは，ネットでは対外債務国であるが，グロスでは対外投資を行っており，対外経済取引で獲得した資金のなかには国外流出する部分がある。具体的には，対外投資では，「その他投資（資産）」が対外投資の動向を規定しており，「その他投資（資産）」において中身を十分に把握できない「雑投資（資産）」が比較的大きな規模になっていることから，資本逃避が起きている可能性がある。

注　135

17) 対内直接投資の動向を整理する際には，内多［2011］（61頁），木下［2017］（18頁），林・木下［2012a］（161頁），在エクアドル日本大使館ウェブサイトの「政治・経済」で適宜補足した。
18) 対内証券投資，とくに国債の動向を整理する際には在エクアドル日本大使館ウェブサイトの「政治・経済」を参照した。
19) 国際経済機関からの借入については在エクアドル日本大使館ウェブサイトの「政治・経済」，中国からの借入については小野［2012］（33-34頁），林・木下［2012a］（154-156頁），木下［2017］（21-22頁），Sanderson and Forsythe［2013］（邦訳「はじめに」および第4章），在エクアドル日本大使館ウェブサイトの「政治・経済」を参照して整理を行った。中国の資金供給主体である中国開発銀行は従来から必ずしも注目を集めてこなかったが，Sanderson and Forsythe［2013］が，関係者へのインタビューを踏まえて詳細な研究を行い，中国開発銀行の役割・ビジネスモデル・功罪，中国経済の成長や問題との関わりを明らかにしている。
　関連して，今日では，ラテンアメリカと中国の関係が強まっている。詳しくは，内多［2011］，小野［2012］，田島［2017］，渕上［2012］を参照されたい。
20) なお，原油に関連する中国からの借入は，エクアドル政府が公的債務ではなく原油取引とみなしているため（林・木下［2012a］155-156頁），エクアドルの国際収支や対外債務の統計に十分に反映されていない可能性がある。
21) 検討を行う際には，国際収支統計に加えて，各種の公表データに基づいて筆者が作成した図表や，エルサルバドルに関する文献や資料も適宜用いる。
22) エルサルバドルの貿易動向を整理する際には，日本外務省ウェブサイトの「各国・地域情勢」，発展途上国における貿易問題を詳細に取り上げたOxfam International［2002］（とくに邦訳第3章），エルサルバドルの現地事情を詳細に取り上げている細野・田中編［2010］（第15章，第30章）を参照した。
　エルサルバドルの主要な貿易品目の一つが，マキラドーラ製品である。マキラドーラは，メキシコが代表的な事例となっている。メキシコのマキラドーラについては，輸出志向工業化戦略を軸に，米国の多国籍企業，NAFTA（北米自由貿易協定），企業内貿易の関連も視野にいれて総合的に検討した田島［2006］を参照されたい。
23) エルサルバドルの輸出および輸入のデータは，国際収支統計（図表4-6）と貿易統計（図表4-7）において，大きな乖離が生じている。
　この要因は，マキラドーラ製品の統計上の取り扱いにあると思われる。貿易統計にはそのままマキラドーラ製品の輸出と輸入が含まれている。それに対して，国際収支統計では『IMF国際収支マニュアル』の『第5版』から『第6版』への改訂にともないマキラドーラ製品の統計上の取り扱いが変更され，『第5版』ではマキラドーラ製品の動向は貿易収支に含まれていたが，『第6版』ではマキラドーラ製品の輸出と輸入の差額のみが「委託加工サービス収支」としてサービス収支に含まれるようになった。こうしたことが，国際収支統計と貿易統計の乖離の要因になっている。第1項では，図表4-7の貿易統計に基づいて検討する。
24) The Migration, Globalisation and Poverty DRCのウェブサイトより。
25) ここでは，エルサルバドルの経済成長戦略の文脈で取り上げたGammage［2006］（pp.76-79, pp.89-92），また，同文献の枠組みを発展させて分析を行った松井［2011a］を参照して整理を行った。
26) 日本外務省ウェブサイトの「各国・地域情勢」より。
27) Andrade-Eekhoff［2006］，Gammage［2006］（pp.77-78）。ただし，管理職や専門職に就き，米国で成功した在米エルサルバドル人も存在している（Pew Hispanic Center資料）。
28) 本パラグラフの内容は，細野・田中編［2010］（第4章，第15章，第21章），Gammage［2006］を参照している。
29) 検討を行う際には，国際収支統計に加えて，各種の公表データをもとに筆者が作成した図表や，

パナマに関する文献や資料も適宜用いる。
30) 第二次所得収支とその下位項目の移民送金は、パナマにおいて金額が小さいことから重要な問題でないように見えるが、今日の発展途上国において、移民送金が直接投資や輸出よりも大きな外貨獲得源になっているケースが多く存在する。実際に、移民送金は、エクアドルとエルサルバドルでも米ドル獲得源の一つになっている。そのため、パナマにおける移民送金の規模の小ささは、一つの特徴といえる。
31)「CFZ貿易」を整理する際には、河合[1980]（169-171頁）、国本・小林・小澤[2004]（第4章）、小林[2007]（154頁、175-178頁）を参照した。
32) パナマの製造業の動向を整理する際には、国本・小林・小澤[2004]（第4章、248-249頁）、小林[2007]（152-157頁）、日本外務省ウェブサイト「各国・地域情勢」を参照した。
33) パナマの農業の動向を整理する際には、国本・小林・小澤[2004]（29頁）、丸谷[2009]（140頁）、Zimbalist and Weeks[1991]（p.104）を参照した。
34) パナマ運河の動向を整理する際には、小林[2007]（158-175頁、183-185頁）、小林志郎[2012]、松井[2011c]（4-10頁）、松井[2012a]（53-55頁）、在パナマ日本大使館ウェブサイトを参照した。とくに、在パナマ日本大使館ウェブサイトでは、パナマ運河について、歴史、通航状況、通航船舶の航路、通航料金、通航量、財務情報、拡張工事に関する最新情報を得ることができる。

なお、パナマ運河とは直接的には関連しないが、海運をめぐるパナマのサービスとしては「便宜地籍制度」がある。この制度に関連する収入は「その他サービス収支」に含まれる。サービスの内容は本書で後述した箇所、また、国本・小林・小澤[2004]（第46章）と小林[2007]（182-183頁）を参照されたい。
35) ただし、世界貿易の拡大にともなう海上貿易増加による運河通航量の増加や、パナマ運河を通航できない大型船舶の登場によって、パナマ運河の通航容量がピークに達しているため、輸送収支の黒字は伸び悩む可能性があった。こうした状況に対応するために、運河拡張工事が行われ、2016年6月に新パナマ運河が完成した。

その一方で、パナマ運河がキャパシティに問題を抱えていても、パナマ運河自体の必要性は残るため、パナマ運河関連の収入が大きく減少することはないといえる。
36) パナマの観光資源を整理する際には、国本・小林・小澤[2004]（第50章～第52章）、小林[2007]（162頁）を参照した。
37)「パナマ文書」については、問題が起きた直後に関心の高まりから文献が出版されてきた。たとえば、日本語の文献である宇田川[2016]、大村[2016]、渡邉[2016]、また、「パナマ文書」の流出経路をたどったObermayer and Obermaier[2016]を参照されたい。

タックス・ヘイブンをめぐっては研究領域が形成されてきた。（一般の読者も読みやすい）最近の包括的な文献として、アカデミックな立場と実務家の経験が融合したPalan, Murphy, and Chavagneux[2010]（邦訳[2013]）、詳細な現地調査を行ったジャーナリストによるShaxson[2011]（邦訳[2012]）、日本の税務当局出身者による志賀[2013]が出版されている。その一方で、本邦研究者によって、包括的な文献として、1980年代という早い時期に、及能[1986]、永川[1985]（本書でパナマに言及した箇所で引用した永川[1979]も所収）がすでに出版されている。

そして、個別の分野においても、比較的早い時期から優れた研究が行われてきた。

まず、国際通貨論の立場では、山本[1999, 2000]（のちに山本[2002]の第2章および第6章にも所収）が、世界マネーフローにおけるタックス・ヘイブンの機能、タックス・ヘイブンへの資金流入の源泉（そこでは先進国の責任に言及されている）を解明している。

多国籍企業論の分野では、関下[2000]（のちに関下[2002]第11章にも所収）が多国籍企業のネットワークにおける位置づけを模索することで、中村[1995]（その端緒は中村[1988a, 1988b]）や中村[2010]が租税や国家主権との対抗関係の観点で、小西[2017]（その端緒は小西宏美[2006a,

2006b]）がグローバル資金管理という文脈で，それぞれ検討を行っている．
　国際政治経済学の分野では，Strange［1998］（邦訳第7章）を嚆矢として，前掲のPalan, Murphy, and Chavagneux［2010］，櫻井［2006b］（58-60頁）が発展した研究を行っている．
38）対パナマ直接投資を整理する際には，日本貿易振興機構［2008］（133-134頁），日本貿易振興機構［2009］（135-136頁）の解説を参照した．時期としては本章の分析対象時期よりも古いが，対内直接投資の規模から判断して同じ流れが続いていると思われる．
39）金融収支における対内直接投資，および，第一次所得収支における直接投資収益（支払）を見るうえでは，「収益の再投資分（Reinvested earnings）」の扱いが問題になる．統計上，「収益の再投資分」は，在外子会社や関連会社などの未配分収益を直接投資家にいったん還元したあと当該投資家によって直接投資資本として再び投下された部分として扱われ，厳密には新規での外国からの資金流入や外国への収益支払を示すものではない（日本銀行・国際収支統計研究会［2000］304頁，310頁）．本章では十分にふれることができなかったが，2014年以降に「収益の再投資分」が大幅に増加していることに注意しておく必要がある．この点も考慮に入れた解明は今後の検討課題としたい．
40）「発展途上国型の国際収支構造」は，田口［1986］（とくに11-12頁）を参照．なお，パナマの対外経済関係は，貿易取引については「発展途上国型」となっているが，サービス収支の多額の黒字，安定的な資本流入といった形で，「発展途上国型の国際収支構造」とは異なる側面も持っている．

終　章

「ドル化」国における通貨制度の実態

　本書では，エクアドル，エルサルバドル，パナマを研究対象として，「ドル化」国における通貨制度の実態を検証することを課題とした。終章では，前章までで解明した内容の総括を行う。

第1節　「ドル化」国における通貨制度の実態の総括

　第1節では，「ドル化」国における通貨制度の実態について総括を行う。

1　「ドル化」国における通貨概念

　第1項では，「ドル化」国における通貨概念を中心に総括を行う。
　最初に，この論点を考える出発点となる「ドル化」国における決済のあり方について整理しておこう。まず，国内決済については，手形交換所と銀行間取引を中央銀行預け金の振替を通じて決済するシステムが存在する。その一方で，米ドルを法貨として使用する「ドル化」国であっても，米国から特段の支援を受けていないことから米国の中央銀行制度や決済制度に加盟するわけではない。そのために，「ドル化」国は，米国中央銀行に直接的に中央銀行預け金を保有できるわけではなく，対外決済は，国内決済とは異なり，在米銀行のコルレス勘定や本支店勘定に保有している在米ドル預金の振替，場合によっては米ドル現金の現送を通じて行われる。こうして，「ドル化」国は，米国の決済制度から独立した独自の決済制度を持つことになり，このことによって「ドル化」国

の通貨制度のあり方が規定されていく。

　次に,「ドル化」国における中央銀行預け金についてである。

　まず,「ドル化」国において,手形交換所が存在し,銀行間決済が行われているために,中央銀行預け金は決済や通貨流通を支える重要な役割を持っている。すなわち,「ドル化」国の中央銀行預け金は,銀行間取引における決済の手段になるとともに,市中銀行の現金準備となることによって,在「ドル化」国の市中銀行が,①「預金設定による貸出」を通じて預金通貨を創造することを可能にするとともに,②非銀行部門に対して預金通貨を流通させる,つまり,国内決済機能を担うことを可能にする。

　また,「ドル化」国において,米ドルの発行権限が認められておらず,中央銀行による新規信用供与(外貨準備を上回る通貨性負債の創出)が原則的に停止されるために,「ドル化」国の中央銀行預け金は,在「ドル化」国の市中銀行による米ドル資産(米ドル現金,在米ドル預金,さらには安全性と流動性の高い米国債などの米ドル建て資産)の預入によって形成され,その全てが米ドルとの交換を保証される必要がある。

　最後に,「ドル化」国における通貨概念として,通貨の「概念上の区分」についてである。「ドル化」国では,米ドルが法貨規定を持ち,全ての国内取引が米ドル建てで行われるために,使用される全ての通貨が米ドルとみなされる必要がある。しかしながら,「ドル化」国における通貨を見る際には,形成ルートや流通範囲に応じて,米ドルと,「ドル化」国の独自現金通貨,そして,在「ドル化」国の預金通貨(「ドル化国の国内通貨」)といった形で,通貨の「概念上の区分」をしておく必要がある。

　①「ドル化」国の保有する在米資産(在米ドル預金,さらには米国債をはじめとする安全性と流動性の高い米ドル建て資産)と,「ドル化」国内に所在する米ドル現金は,在米主体によって発行され,世界的にも米ドルとみなされる。

　②「ドル化」国には,日常的に発生する現金取引や中央銀行自身の現金管理の便宜を図るために,独自現金通貨がわずかに存在している。「ドル化」国の中央銀行の新規の信用供与(外貨準備を上回る通貨性負債の創出)が原則停止されるために,「ドル化」国の独自現金通貨は,外貨準備による裏付けを条件に発行され,米ドルと固定相場で無制限に交換される。

第 1 節　「ドル化」国における通貨制度の実態の総括　141

　③在「ドル化」国の預金通貨についてである。在「ドル化」国の預金通貨は，企業や個人が在「ドル化」国の市中銀行へ米ドル資産を預金することを通じて形成されるとともに，在「ドル化」国の市中銀行が保有する各種の米ドル資産（中央銀行預け金を含む）を現金準備として行う「預金設定による貸出」を通じて創り出される。

　在「ドル化」国の預金通貨は，決済機能を持ち，借り手や預金者の目から見れば対外決済に使用できるものと認識されるが，市中銀行の立場から見れば在米ドル預金への直接的な振替をできず振替範囲が「ドル化」国内にとどまり，市中銀行の現金準備を超える規模で一斉に引き出されれば米ドルとの交換に応じられなくなるために，米ドル建てであっても，「ドル化国の国内通貨」となる。

　こうした「ドル化」国における通貨の「概念上の区分」は，「ドル化」国において成立している金利体系の性格にも反映される。「ドル化」国の金利の決定要因としては，概念的には，在「ドル化」国の各部門が種々の形態で保有している米ドル資産を通じた決定要因と，「ドル化国の国内通貨」に係る「ドル化国の国内金利」の決定要因が存在し，現実には両者が組み合わさって「ドル化」国の金利が成立する。「ドル化」国の金利は，「ドル化」国において各部門が保有している種々の米ドル資産の金利を通じて，基本的に米国金利によって規定される。

　しかしながら，現実の事態はそれにとどまらない。

　まず，「ドル化」国の金利は，各部門が保有している米ドル資産を通じて米国金利に規定されながらも，「ドル化」国における裁定の不備やリスクプレミアムの存在，対外的な資金流出入の性格，「ドル化」国が米国の金融政策への参加権限を持たないことによって，米国金利と十分に連動するわけではない。

　また，「ドル化国の国内通貨」に係る金利は，たとえ米ドル建てであっても，「ドル化」国におけるインフレ率や景気，国内経済活動，さらには対外経済取引の動向とそれらにともなって変化する資金需給といった「ドル化」国の独自事情によって決定される「ドル化国の国内金利」としての性格を持っている。

　こうして，「ドル化」国において成立している金利体系には，「ドル化国の国内金利」としての性格が強くあらわれる。

　以上のように，「ドル化」国における通貨の「概念上の区分」が「ドル化」国に

おける通貨制度を見る際の核心となる。

2 「ドル化」国の対外経済関係

　第2項では,「ドル化」国の対外経済関係について総括をしておこう。
　「ドル化」国において,対外的な米ドル流出入が国内通貨流通の究極的な規定要因となることから,国内決済システムを維持するために,また,国内経済の混乱につながる国内通貨流通の縮小が生じないようにするために,継続的な米ドル獲得が「ドル化」政策の導入・継続の前提条件として重要な意味を持つ。
　米ドルの獲得について,エクアドルの場合は一次産品の輸出,移民送金,国際経済機関や中国からの借入,エルサルバドルの場合は移民送金と各種の資本輸入,パナマの場合はリージョナル・ハブとしての地位を活かしたパナマ運河関連の収入を中心とするサービス収支黒字と国際金融センターにおけるグロスの資本輸入といった形で,多様性を含みながら,決定的な基盤が存在している。
　こうして,国内通貨流通との関連で見た対外経済関係は,「ドル化」政策が,貿易・国際資本移動・移民や国際労働力移動といった世界経済における主要な構成要素や,米国や中国を結節点とする世界経済の成長構造,経済・政治・社会的な側面が交錯するところに登場していることを示している。

3 結び

　本節の結びとして,総括から示されることを整理しておこう。すなわち,「ドル化」政策の概念の再規定である。本書の冒頭で示した「ドル化」政策の概念は誤りではなく,本書ではそれを前提に議論を進めてきた。しかしながら,ここまでの内容を踏まえて,「ドル化」政策の概念を再規定しておく必要がある。
　「ドル化」政策は,種々の形態をとる米ドル資産(米ドル現金,在米ドル預金,さらには安全性と流動性の高い米国債などの米ドル建て資産)を軸点におく通貨制度,すなわち,①「米ドルへの法貨規定の付与と米ドル建て取引への移行」,②「自国通貨の現金の新規発行停止・消滅および米ドル現金への転換」,③「中央銀行による新規信用供与(外貨準備を上回る通貨性負債の創出)

の原則停止」，そして，④種々の形態をとる米ドル資産を現金準備として創造される「ドル化国の国内通貨」を国内決済手段として用いる通貨制度として概念規定できる。

　この概念規定は，当然のように思われるかもしれない。しかしながら，先行研究では，「国際金融のトリレンマ」論や「最適通貨圏」論に依拠した議論が中心になっているなかで，国内決済と対外決済のあり方，それとも関連して市中銀行の機能や預金通貨が議論の対象にされてこなかった。そのため，「ドル化」国における決済制度を踏まえて，国内決済と対外決済における米ドルの役割，「ドル化国の国内通貨」の存在，そして，通貨の「概念上の区分」を解明した本書の意義は大きくなる[1]。

　以上のように，本書で解明した「ドル化」国の決済，通貨，金利の実態を踏まえてはじめて，「ドル化」政策の内実や「ドル化」国のおかれる状況の理解，そして，「ドル化」政策の概念規定を正確にできるようになる。より広く見れば各章の末尾に簡単に記したように，発展途上国における「ドル化」政策には，歴史的な議論を再現しながら，通貨論や世界経済論における重要な論点そして含意が，特異かつシンプルな形であらわれるのである。

第2節　「ドル化」国出現における米ドルや米国の役割

　第2節では，「ドル化」国出現における米ドルや米国の役割を検討する。

　最初に，「ドル化」国の存在による米国の通貨流通への影響，いわば米国から見た「ドル化」政策の意味合いを，「ドル化」国内に所在する米ドル建ての通貨，すなわち，在「ドル化」国の預金通貨と米ドル現金を中心に検討しておこう。

　在「ドル化」国の市中銀行によって創り出される預金通貨が，米国の銀行システム内に創り出されるわけではなく，また，対外決済に使えないために「ドル化国の国内通貨」としての性格を持つことを踏まえると，在「ドル化」国の預金通貨の増減が米国国内の通貨量（とくに在米ドル預金の量）に直接的な影響を与えるわけではない[2]。

　その一方で，米ドル現金については，「ドル化」国と米国の間で流出入があれ

ば，米国へ直接的な影響を及ぼす[3]。まず，マクロ的に見れば，米国のマネタリーベース（現金通貨＋中央銀行預け金）とマネーストック（現金通貨＋預金通貨）のいずれでも米国国内に所在する現金量の変化を通じて，金融機関レベルで見れば，「ドル化」国に流入した米ドル現金が在米銀行から引き出されたものだ（逆に，「ドル化」国から流出した米ドル現金が在米銀行に預金されたものだ）とすれば在米銀行の現金準備の変化を通じて，米国の経済や金融政策への影響があらわれる。また，国際収支レベルでは，「ドル化」国による米ドル現金の保有は，米国にとっては対外負債の形成，あるいは，「対米ファイナンス」となる[4]。

こうして，「ドル化」国の存在が米国に与える影響は，現金通貨と預金通貨では異なることに注目しておく必要がある。

次に，「ドル化」政策に対する米国のスタンスの持つ意味合いである。この論点について，第1章で，当時の米国の通貨当局者であるグリーンスパンFRB議長とサマーズ財務副長官の見解を中心に検討することで，米国が「黙認する中立的な」スタンスを持っていることを指摘した。しかしながら，米国の「黙認する中立的な」スタンスについては，より掘り下げて考える必要がある。

「ドル化」国で（いわば米国に「無断で」）創り出される預金通貨は「ドル化国の国内通貨」であるために米国に直接的な影響を与えない一方で，米国によって発行される米ドル現金はその流出入を通じて米国に直接的な影響をもたらしうる。非米諸国の主体は米ドル現金の発行権限を持っていないことから，米国は，特別な措置を行わなくても，米ドル現金の発行権限，米国の決済制度や中央銀行制度への加盟（資金供給を受けたり，金融政策の意思決定へ参加すること）を「ドル化」国に対して認めない[5]だけで，米国の通貨流通に直接的な影響を及ぼす米ドルを「ドル化」国が新規に供給することを防止できる。

こうして，「ドル化」政策に対して米国が行動をとらないことが，米国が「ドル化」政策を当該国による「一方的かつ勝手な」政策として「黙認する中立的な」スタンスを示している[6]。

最後に，「ドル化」国の出現における米ドルや米国の役割である。国際金融における米国の役割をめぐっては，歴史的に議論が行われてきた。2000年代にも，規範的なレベルあるいは実証的なレベルで賛否両論あるが，議論が盛り上

第2節 「ドル化」国出現における米ドルや米国の役割　145

図表 終-1　米国の対外総負債残高における在外ドル現金の動向
（残高ベース，単位：絶対額は億ドル，比率は％）

　　在外ドル現金（左軸）　　　米国対外総負債残高に占める在外ドル現金の比率（右軸）

注）米国対外総負債残高は時価ベースを用いており，米国対外総負債残高に占める在外ドル現金の比率は［在外ドル現金÷米国対外総負債残高］で計算。
出所）U.S. Department of Commerce, Bureau of Economic Analysisより筆者作成。

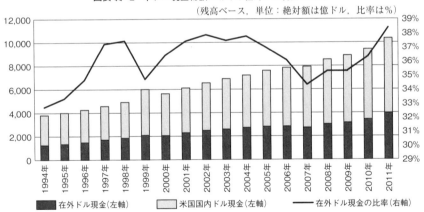

図表 終-2　米ドル現金総額における在外ドル現金の動向
（残高ベース，単位：絶対額は億ドル，比率は％）

　　在外ドル現金(左軸)　　　米国国内ドル現金(左軸)　　　在外ドル現金の比率(右軸)

注）［在外ドル現金の比率＝在外ドル現金÷米国発行のドル現金総額］で計算。
出所）在外ドル現金はU.S. Department of Commerce, Bureau of Economic Analysis，米国発行の米ドル現金総額はFederal Reserve System, Currency and Coin Servicesより採録して筆者作成。

がった。そこでは，米国が，①安全性の高い資産を外国に提供するとともにハイリスク・ハイリターンの投資（直接投資や株式投資）を外国に行っていたとする「世界のベンチャー・キャピタリスト」論（たとえばGourinchas and Rey

[2005]），②欧州の金融機関を中心的な対象として米ドル資金を供給するとともに，運用対象としての証券化商品（本来はリスクの高いサブプライム関連証券を含む）を提供していたとする「世界の投資銀行」論（たとえば，Bernanke et al.［2011］pp.11-12, Shin［2012］）が注目を集めた。

こうした役割に加えて，米国が「米ドル現金の供給者」としての役割を担っていることも議論の対象にする必要がある。「国際通貨ドル」として想定されているのは在米ドル預金であるために，「ドル化」国における米ドル現金流通の拡大を，米ドルの国際通貨化（さらには基軸通貨化）の一環として捉えることは誤りである。その一方で，「ドル化」国の出現は非米諸国で流通する米ドル現金の役割を見る必要性を提起している。まず，米ドル現金は，「ドル化」国において日常取引で使用されるとともに市中銀行の現金準備になることから，恒常的に必要になる。言い換えれば，「ドル化」国において，市中銀行が「ドル化国の国内通貨」を創り出して預金通貨を用いた決済システムが存在しているとしても，米ドル現金の必要性は消滅しないのである。また，事実として，米国の対外資産負債残高統計に計上される非米諸国による米ドル現金の保有は，年々増加しており，米国で発行された米ドル現金の3割近くが非米諸国に所在している（図表終-1，終-2）。

以上のように，米国は，米ドル現金を「ドル化」国のために発行し供給しているわけではなく，「ドル化」国側が需要して米ドル現金を米国外に持ち出している側面が強いが，結果的・客観的には「米ドル現金の供給者」としての役割を担っていることになる。

第3節　政策論としての「ドル化」政策

第3節では，政策論の観点から「ドル化」政策を総括する。

「ドル化」政策の持続可能性や政策効果について，しばしば先行研究ではマクロ経済関連の指標や規範的な観点を中心に議論されることが多かったが，通貨制度の実態から評価する必要がある。

「ドル化」国の通貨流通の維持について，①中央銀行レベルでは銀行間決済の

第3節　政策論としての「ドル化」政策　147

担い手としての機能，そして，エクアドルにおける電子マネーや補助鋳貨の発行を通じて，②市中銀行レベルでは現金準備に目配りしながら「ドル化国の国内通貨」としての性格を持つ在「ドル化」国の預金通貨を創り出すことを通じて，③対外経済関係レベルでは継続的な米ドル獲得ルートを維持することを通じて，各種の仕組みや取組が存在する。

　これらの諸点をより詳しく取り上げておこう。まず，在「ドル化」国の市中銀行の「預金設定による貸出」を通じて創り出される預金通貨について，その供給が過少になれば決済手段が不足する形で，その供給が過大になれば米ドルでの引出増加を通じて現金準備（中央銀行預け金を取り崩す必要性が生じれば外貨準備）が一気に枯渇する形で，「ドル化」政策の維持への懸念要因となるため，供給する際にはバランスが重要な意味を持つ。また，「ドル化」政策の持続可能性は，市中銀行の預金通貨創造の動向，（規制を通じた政策が中心であるが）中央銀行の政策運営に左右されながら，最終的には米ドル流出入に密接に関連する対外経済関係によって左右される。

　ここから3点が示唆される。

　第1に，自国通貨の脆弱性に関わる問題への対応である。自国通貨の脆弱性という場合，当該国の政治不安のなかで政策当局者が財政・金融政策を不適切に利用しないという規律を守る意志の欠如，また，ポピュリズムに流されないという規律を守る意志の欠如や，各種の経済活動のコントロールの不備にかかわっている。

　パナマが100年以上，エクアドルとエルサルバドルが15年近く「ドル化」政策を続けている事実は，「ドル化」政策が政策当局者の意志の欠如や経済運営の不備を補い，財政・金融政策の不適切な運営を防止して，自国通貨の脆弱性によって生じる問題を表面化させることなく，国内経済の安定化に寄与してきたことを示している。そして，「ドル化」政策を導入していない発展途上国であっても，「事実上のドル化」を黙認する形で，米ドルを利用して自国通貨の脆弱性によって生じる問題に対処していると言える。

　このことは，「ドル化」政策が，無条件で「万能薬」だとする「楽観論」，突飛な政策だとする「悲観論」のどちらとも異なることを示している。つまり，「ドル化」政策は，自国通貨の脆弱性を抱える国にとって，政策オプションとし

て，一定の有効性を持っている[7]）。

　その一方で，「ドル化」国が，「ドル化」政策からの「離脱」を検討する局面も存在する。「ドル化」政策からの「離脱」は，「ドル化」政策の「終焉」，あるいは，「出口」という形であらわれる。そこで，以下の第2と第3の点を見ておこう。

　第2に，「ドル化」国が，中央銀行，市中銀行，対外経済関係の各レベルにおいて「ドル化」政策の維持に支障をきたす事態に直面すれば，危機的状況をともなう形で「ドル化」政策が「終焉」する可能性がある。

　まず，エクアドル中央銀行は，資本流出規制を通じた「金融政策」，電子マネーの発行，「中央銀行証券」の発行といった独自の取組を行っている。資本流出規制や「中央銀行証券」は米ドル不足に直面しているシグナルになりえ，また，電子マネーや「中央銀行証券」が濫用されれば中央銀行の新規の信用供与が行われることになりえる。そのために，エクアドルには，「ドル化」政策の「終焉」の「火種」が存在しうる。エクアドル中央銀行の政策決定権限を握るエクアドル政府において，「ドル化」政策によって対処されてきたはずのポピュリズム的発想が復活していることを踏まえると，この「火種」はくすぶり続けることになる。

　エクアドル中央銀行が新規の信用供与（外貨準備を上回る通貨性負債の創出）を行えば，エクアドルが法的には「ドル化」政策を宣言して米ドルに法貨規定を付与し続けたとしても，2つの意味での「終焉」が生じる。まず，本書で掲げてきた「ドル化」政策の概念から見た「終焉」が生じる。そして，現実にも，しばらくの期間に法的には「ドル化」政策の下にあったとしても，①マクロ経済レベルでは，インフレの発生や国内経済の過熱，そして，それにともなう輸入増加→貿易収支赤字の増加→米ドル流出，②市中銀行と中央銀行レベルでは米ドルへの引出要求が増加して米ドルの支払に応じきれなくなる事態が生じる時に，エクアドル自身が法的に「離脱」を宣言せざるをえなくなり，「ドル化」政策の「終焉」に追い込まれることになる。

　また，対外経済関係レベルにおいて，エクアドル，エルサルバドル，パナマでは共通して，貿易収支の赤字を移民送金の受取やサービス収支の黒字でカバーしきれず経常収支の赤字が常態化し，しかも赤字が増大する可能性がある。そのため，3国では，経常収支の赤字を債務形成や将来的な元利支払につながる資本輸入を通じて埋め合わせ，そのうえで米ドルを獲得する構図が出現してい

第3節　政策論としての「ドル化」政策　149

る。万が一,「ドル化」国が資本輸入の困難に直面すれば,国内のマクロ経済を減速させることを通じて（受け入れて），貿易収支そして経常収支を黒字化すること,あるいは,外国の投資家からの資金調達ができるように信認を高めることが必要になる。それが不可能か困難であれば,1970年代以降に新興国・発展途上国で頻発してきた債務危機や経済危機のような事態をともなう形で,「ドル化」政策が「終焉」する可能性も否定できない。

さらに言えば,具体的な「離脱」の道筋を描けない事態,あるいは,自国通貨を復活させても信認を得られない事態のなかで,「ドル化」政策を「終焉」させることすらできず,通貨流通が収縮して国内経済が打撃を受け続ける「居心地の悪い」事態も生じうる。

第3に,「ドル化」政策からの「出口」をめぐる問題である。危機的状況をともなう「ドル化」政策の「終焉」という形ではなく,「ドル化」国自身が自国通貨を復活させて「ドル化」政策からの「出口」を模索する可能性もある。「ドル化」国において,「ドル化」政策は,政策当局者の規律や意志の欠如,経済運営能力の不備を補うことで経済を安定化させる点に有効性を持っていたが,暫定的かつ避難的な政策でもある。歴史的に,国民国家は,国民通貨（自国通貨）を創り出し,中央銀行による新規の信用供与を通じた現金発行と中央銀行預け金の供給,そして,通貨の管理を行うことで国民経済の運営に取り組んできた。

このことを踏まえれば,「ドル化」国が,自国通貨を復活させる,すなわち,「自国通貨保持国」に戻ることは,根拠を持っていよう。その際には,「ドル化」国の政策当局者は,金融・財政政策を適切に運営するための規律を守る強い意志と経済運営能力を持つことが求められ,このことによって自国通貨の復活が可能となる[8]。「ドル化」政策を維持するためにも一定の「管理」が必要になることを踏まえれば,「ドル化」国が,自国通貨を復活させても一定の「管理」を行うことは不可能ではない。

以上のように,本書における「ドル化」国における通貨制度の実態の解明によって,「ドル化」政策は,①その持続に「火種」が存在していること,②本来は暫定的かつ避難的な政策であり,自国通貨の復活につながる「出口」が模索される局面が生じうること,③ある程度の長い期間に持続可能な政策であるとともに,一定の有効性を持つ政策であることが浮き彫りになる。

[注]
1) ここまでの議論を踏まえて，本書末尾の初出一覧に示した筆者の旧稿における内容を修正しておく必要がある。

第1に，在「ドル化」国の預金通貨の概念規定である。在「ドル化」国の市中銀行によって創り出される預金通貨を，旧稿では「現地化されたドル」という概念で捉えた。しかしながら，この捉え方では，「現地化」の意味が不鮮明であり，あたかも「ドル化」国が米ドルを新規で創り出しているかのようにも見えてしまう。そのため，本書では，在「ドル化」国の預金通貨を「ドル化国の国内通貨」として概念規定した。

第2に，「ドル化」政策の概念規定である。「ドル化」政策を，一連の旧稿では「米ドルの国内通貨としての使用」として捉えた。より正確には本文で述べているように，「ドル化」政策は，種々の形態をとる米ドル資産（とくに米ドル現金，在米ドル預金，さらには安全性と流動性の高い米国債などの米ドル建て資産）を軸点におく通貨制度と捉えるべきである。本書で見たように，「ドル化」国において使用される通貨としては，種々の米ドル資産ばかりでなく，在「ドル化」国の市中銀行によって創り出される在「ドル化」国の預金通貨も含まれる。そして，在「ドル化」国の預金通貨は米ドルとは概念的に区別される「ドル化国の国内通貨」であるうえに，「ドル化」国において米ドルが新規に創り出されることはない。そのため，「米ドルの国内通貨としての使用」という捉え方では不十分であり，誤解を招く可能性がある。こうしたことを踏まえて，本書では「ドル化」政策に対して新たな概念規定を与えた。

旧稿から本書へのこの2点の重要な修正によって，筆者が旧稿において意図していながら曖昧であった内容が，本書においてより鮮明に議論されることになったと思われる。

2) この論点については次のような指摘が存在する。「現金が通貨発行国の外で広く利用されていても，通貨発行国の金融政策に特段の影響が及ぶことはないが，現金以外の通貨が通貨発行国の外で広く利用される場合には，状況は異なってくる。すなわち，通貨発行国の中央銀行による金融政策の効果が及ばない外国で，金融機関によって現金以外の通貨が創造される場合には，通貨発行国の中央銀行による通貨供給量のコントロールが難しくなる」（曽野・神田［2004］6頁，下線部は本書の筆者が追記した）。しかし，「ドル化」国で創造される預金通貨は，「ドル化国の国内通貨」としての性格を持つために，引用した記述とは異なり，米国に対して直接的な影響を与えないことになる。

3) 米ドル現金については，非米諸国で流通する米ドル現金の調査であるJudson［2012］が，金融政策運営との関連で米国の通貨当局者（Federal Reserve Bank of New York［2007］p.9）が，「ドル化」政策研究の一環で畑瀬［2001］（11－12頁）が，先進国の金融政策を検討するなかで白川［2008］（270－271頁）が，米ドルの偽札調査の一環でU.S. Secretary of the Treasury［2006］が，それぞれ言及している。また，米ドル現金の動きは，米国の国際収支統計において，現行版（2014年以降のバージョン）では「現預金（Currency and deposits）」として独立した項目になっていないが，2014年以前のバージョンでは「米ドル現金（U.S. currency）」として独立した項目となっていた。

4) さらにいえば，「ドル化」国は，米ドル現金以外にも，在米ドル預金や米国債といった一定額の米ドル資産を保有しなければならず，そのことも「対米ファイナンス」につながる。

5) この点について，グリーンスパンとサマーズが，「ドル化」国に対して金融監督支援を行わず，また，米国中央銀行の金融政策への参加や「最後の貸し手」へのアクセスを認めない旨の証言を行っている。

もし，米国と「ドル化」国において，中央銀行制度と決済制度が統合されれば，そのことは両者の間で通貨統合を行うことを意味しているが，米国は「ドル化」国との通貨統合を行う意思を持っていない。先行研究や一般的なイメージでは「ドル化」政策を米国との通貨統合とみなす見解が散見

されるが，米国のスタンスからしても現実の制度からしても，「ドル化」政策を米国との通貨統合とみなすことは誤りとなる。この点に関連して，エルサルバドルの「ドル化」政策は，「通貨統合法」という名称の法律を法的根拠としているが，実態としては米国との通貨統合ではないことになる。

6) 米国が「ドル化」政策の抑制に動く可能性があるのは，①「ドル化」国との間で米ドル現金の流出入が許容できる範囲を超える規模で生じる場合，②米ドル現金の偽札が「ドル化」国内で横行する場合，③国際通貨として機能する在米ドル預金の決済を担う米国の銀行システムが「ドル化」国に出ていく場合が考えられる。このなかで，③について，実現性は極めて低く，この事態が万が一生じれば，そこで決済される「米ドル」を米ドルとしてみなせるのかもあわせて論点にする必要がある。結局のところ，本注で取り上げた論点も，「ドル化」政策の通貨制度としての実態を見ることではじめて検討できるようになる。

7) 新興国・発展途上国は，1980年代の債務危機，1990年代の通貨危機，2013年の「バーナンキショック」に象徴されるように，米国の金融政策が緩和局面にある時には資金流入による経済の過熱，引締局面に転じると資金流出による経済の停滞に見舞われてきた。言い換えれば，新興国・発展途上国は米国の金融政策から大きな影響を受け続けてきたと言える。

「ドル化」国は，こうした状況とは次元の異なる側面を持っている。まず，第2章で見たように「ドル化」国の金利は米国金利との連動性を持っておらず，米国の金融政策の影響は相対的に弱かった。もちろん，「ドル化」国において，米国中央銀行の金融調節の対象にならず，自国の中央銀行の資金供給に大きな制約があるために，「金融政策の自律性」が担保されるわけではない。しかしながら，国によっては，米国の金融政策の影響を受けるか否かではなく，自国通貨を保持するか否かという選択が論点になりうる。「ドル化」国の場合には，自国通貨の脆弱性を抱えるなかで，「ドル化」政策を導入して一定の有効性を享受してきた。こうしたことを踏まえると，「ドル化」国の出現は，米ドルや米国の金融政策との新たな関わり方を示唆している。

8) 先行研究では，「ドル化」政策の持続可能性をめぐって，賛成意見と反対意見の両方が出されており，賛成意見は「ドル化」政策が持続することを主張し，反対意見は「ドル化」政策からの「離脱」を問題を含むものとして取り上げる。

しかしながら，本来目指すのは，「ドル化」政策の維持そのものではなく，暫定的かつ避難的な政策としての「ドル化」政策の有効性を享受しながら，最終的には自国通貨を復活させることにある。言い換えれば，「ドル化」国においては，国内の政治経済上の要請によって，「ドル化」政策の導入・継続が模索されるとともに，「ドル化」政策からの「出口」が模索される。このことは，世界経済論の発想に基づいた国民経済レベルの視点と，本書で解明してきた「ドル化」国における通貨制度の実態を組み合わせることによって鮮明になる。

補　論

「ドル化」政策と対比しうる事例
―― 金本位制およびカレンシーボード制度，
　　欧州共通通貨ユーロ，ユーロ・ダラー市場 ――

　補論では，「ドル化」政策と対比しうる事例について検討する。「ドル化」政策に対するイメージや，本書で検証してきた「ドル化」政策の内実から思い浮かべられることが予想されるのが，①金本位制およびカレンシーボード制度，②欧州共通通貨ユーロ，③（ロンドンを代表とする米ドル建て国際金融市場である）ユーロ・ダラー市場であろう。

　「ドル化」政策とある種の類似性が生じる部分，そして，対比が生じる理由は，事例によって異なる。つまり，①金本位制およびカレンシーボード制度は金や外貨を通貨制度の軸点におき通貨当局の通貨発行が金準備や外貨準備に規定される点，②欧州共通通貨ユーロは自国通貨が消滅する点，③ユーロ・ダラー市場は非米諸国において米ドル建ての取引が行われる点が焦点になる。

1　金本位制およびカレンシーボード制度との対比の可能性

　「ドル化」政策と対比するべき事例として浮かびあがるのが，金本位制と，（「準ドル化」と呼ばれる）カレンシーボード制度であろう。

　「ドル化」政策が金本位制やカレンシーボード制度と根本的に異なる点は，「ドル化」政策では，自国通貨が存在せず，中央銀行の新規信用供与（外貨準備を上回る通貨性負債の創出）が認められないのに対して，金本位制やカレンシーボード制度においては，自国通貨が存在しており，金準備や外貨準備に制約されながらも新規の中央銀行信用が認められている点である。これらを踏まえて，さらに詳しく説明すると，次のようになる。

周知のように，金本位制は19世紀〜20世紀初頭の先進国において導入され，（先進国へのキャッチアップを目指す）周辺国にも広まっていった[1]。金本位制の成立期は，国民経済や国民通貨の形成期にもあたっている。金本位制下において，中央銀行は金兌換が義務付けられ，そのために，中央銀行は兌換に応じるための金準備保有が必要になり，また，中央銀行の信用供与は金準備の動向によって左右されていた。

金本位制について，より掘り下げて2点を補足しておこう。まず，金本位制下の市中銀行は預金通貨を創り出していた。たとえば，イギリスで1844年に「ピール銀行条例」によって銀行券発行がイングランド銀行に集中するなかで，市中銀行は，銀行券の発行を停止する一方で，預金通貨を創り出していた。また，金本位制下の中央銀行は，金準備による制約を受けるなかで，金兌換に応じられる範囲を見極めながら，新規の信用供与（金準備を上回る通貨性負債の創出）を行うことができた。

金本位制の発想を受け継いで登場した通貨制度がカレンシーボード制度である[2]。カレンシーボード制度は，19世紀末から20世紀中盤にかけての時期に，先進諸国の植民地（その代表例が，イギリス統治下にあったインド）における通貨制度として導入されていた。第二次世界大戦後に植民地諸国が独立してからは植民地時代の苦い教訓によって「タブー」視されていたが，現代では香港，ブルガリア，東カリブ通貨同盟，（現在では離脱しているが）1990年代から2002年までアルゼンチンが，経済安定化策としてカレンシーボード制度を導入している。

カレンシーボード制度では，特定の通貨（ここでは米ドルと仮定）に対して自国通貨の為替相場を固定するとともに自国通貨との無制限の交換性を保証し，それを維持するために通貨当局はマネタリーベース（自国通貨の現金通貨と中央銀行預け金）供給の際にそれに見合う外貨準備保有が必要になる。

「ドル化」政策，金本位制，カレンシーボード制度は，三者ともに，当該国自身では創り出せない金や外貨資金を軸点におく通貨制度である点，そして，通貨当局が資金供給を行う際に金準備や外貨準備の制約を受ける点に類似点を見出せる。また，「国際金融のトリレンマ」論では，三者ともに，「金融政策の自律性」のメリットを放棄して，「為替相場の安定」と「自由な資本移動」のメリッ

トを選択する通貨制度という形で整理される。こうしたことが理由になって，「ドル化」政策を，金本位制やカレンシーボード制度のアナロジーや延長線で捉えようとする見解が出てくることになる。

　ここでは，通貨当局レベルの資金供給の観点を中心に整理しておこう。

　「ドル化」政策の場合には，中央銀行は新規の信用供与（外貨準備を上回る通貨性負債の創出）を原則的に停止する。具体的には，自国通貨が消滅するために，現金通貨は基本的に米ドル現金となり，中央銀行預け金は市中銀行による米ドルの預入によって形成され，中央銀行の資金供給は原則として外貨準備の範囲内となる。

　しかしながら，金本位制やカレンシーボード制度では，事情が異なり，通貨当局は金準備や外貨準備による制約を受けつつも一定の新規の信用供与を行うことができる。このことは，金本位制やカレンシーボード制度下において，通貨当局による資金供給の裏付けとなる資産は，原則として金準備や外貨準備となるが，現実には当該国の国債などが認められるケースも存在することとしてあらわれる。

　まず，金本位制の時代において，1844年の「ピール銀行条例」ではイングランド銀行は発券残高の3分の1までは国債での準備保有が認められていたし，中央銀行に金兌換をどこまで義務付けるのかは国によって相違が存在した。

　また，現代におけるカレンシーボード制度にも多様性が見られる。東アジア通貨危機の際に，他の東アジア諸国が為替相場暴落に直面する中で，その余波を受けた香港は，カレンシーボード制度の維持に対する懸念が持たれ，投機や資本逃避に見舞われて金利急騰と株価下落に直面したが，カレンシーボード制度を維持した。香港の事例は，様々な評価ができるが，外貨準備に見合う分のみ自国通貨（ここでは，マネタリーベース）を発行することで，自国通貨と外貨の交換に応じきり，カレンシーボード制度を厳格に運用した結果として見ることもできる。それに対して，かつてのアルゼンチンのカレンシーボード制度（1991年～2002年に導入されていた）では，通貨当局の準備資産の一部として国債保有が認められており，このことがカレンシーボード制度崩壊の一因にもなった。アルゼンチンと香港の事例は，カレンシーボード制度の実態にバリエーションが存在することを意味している。

こうして，金本位制やカレンシーボード制度において，事例によっては，通貨当局が新規の信用供与（金準備や外貨準備を上回る通貨性負債の創出）を行っており，このことは自国通貨が存在しているからこそ可能になる。

以上のように，自国通貨の有無と，それによって通貨当局の資金供給の制約の受け方，また，新規の信用供与の形態が異なる点が，金本位制，カレンシーボード制度，「ドル化」政策の対比のポイントとなる[3]。

2　欧州共通通貨ユーロとの対比の可能性

「ドル化」政策と欧州共通通貨ユーロの対比の可能性について検討しておこう。一見すると自国通貨が消滅する点ではある種の類似性がありながらも，両者が決定的に異なることは，ユーロの場合にはユーロ導入各国の全てが単一決済制度であるTARGET（汎欧州即時グロス決済システム）に参加するのに対して，「ドル化」国の場合には米国の決済制度に参加できないということである。このことが，「ドル化」政策と共通通貨が全く異なる点であり，議論する際のベースとなる。以下では，先行研究の問題点にふれたうえで，対比をしていこう。

「ドル化」政策と欧州共通通貨ユーロをめぐっては，「国際金融のトリレンマ」論や「最適通貨圏」論，「二極の解」論において，通貨制度の内実が問われていないために，「ドル化」政策とユーロがあたかも「同一物」として扱われている感が否めない。とくに，「国際金融のトリレンマ」論に依拠する議論では，「ドル化」政策とユーロは，「金融政策の自律性」のメリットを放棄して，「為替相場の安定」と「自由な資本移動」のメリットを選択する通貨制度という形で，同じカテゴリーとして整理されている。

また，「ドル化」政策の研究者による議論も存在する。林・木下［2014］（59頁）はエクアドルにおける金融規制を用いた「金融政策」のユーロへの応用の可能性，林・木下［2014］（40頁の注9）は目的や背景の相違，松井［2016］（31頁）および松井［2011d］（4頁）は導入する際のコンセンサスの必要性の有無に基づいたハードルの違い，ペッグの強度の相違，堀江［2016］（43頁）は財政赤字を抱えるエクアドルが陥っている事態として「南米のギリシャ化」を主張する[4]。

しかしながら，欧州共通通貨ユーロと「ドル化」政策を対比する際には，これまでに論述してきたように決済制度さらには中央銀行制度を中心に通貨制度の実態を見ることが鍵となる。

最初に，「ドル化」政策の場合には，米国と合意を結ぶことなく特別な支援を受けないまま導入され，「ドル化」国は米国の中央銀行制度や決済制度に入るわけではない。

在「ドル化」国の市中銀行は，米国中央銀行に預金口座（米国の中央銀行預け金）を直接的に保有するわけではなく，米ドル資産（米ドル現金，在米ドル預金，さらには安全性と流動性の高い米国債などの米ドル建て資産）を「ドル化」国の中央銀行に預け入れることで，「ドル化」国の中央銀行預け金を開設する。このことは2つの意味を持つ。

1つ目に，決済との関連である。「ドル化」国の中央銀行預け金は，銀行間取引における決済手段また現金準備となることによって，在「ドル化」国の市中銀行が，非銀行部門に対して預金通貨を流通させる，つまり，国内決済機能を担うことを可能にする。その一方で，在「ドル化」国の預金通貨は在米銀行の口座への直接的な振替をできないことから対外決済に使えない「ドル化国の国内通貨」となり，「ドル化」国の対外決済は在米銀行のコルレス勘定や本支店勘定を通じて「ドル化」国が保有している米ドル残高の振替によって行われる。そのため，「ドル化」国の対外決済では，在米ドル預金や米ドル現金が必要になる。

2つ目に，「ドル化」国の中央銀行預け金の形成ルートについてである。「ドル化」国は当然ながら米国の金融政策に参加できず，「ドル化」国において中央銀行による新規信用供与（外貨準備を上回る通貨性負債の創出）は原則的に停止されるために，「ドル化」国の中央銀行預け金は，在「ドル化」国の市中銀行による米ドル資産の預入によって形成され，究極的には対外経済取引にともなう米ドル流出入の動向によって規定される。

さらに，金利に着目しておこう。「ドル化」国の金利は，米国金利に規定されつつ，金利差に基づいた裁定が金融市場の歪みやリスクプレミアムの存在によって十分に働かず，中央銀行の資金供給には大きな制約が存在するために米国金利と十分に連動しない。また，在「ドル化」国の市中銀行が貸し出す預金

通貨は,「ドル化国の国内通貨」である。そのために,「ドル化」国の金利には「ドル化」国の独自事情によって決定される「ドル化国の国内金利」としての性格が強くあらわれる。

次に,欧州共通通貨ユーロの導入において,当該国は,EUの「認証」を受けて導入を行い,共通決済制度であるTARGETと,〔ECB(欧州中央銀行)とユーロ導入国の各国中央銀行から構成される〕ユーロシステムに入る[5]。このことは,ユーロ導入国にとって3つの意味を持つ。

第1に,共通決済制度であるTARGETにおける決済についてである。TARGETを通じたユーロ導入国同士の対外決済では,導入各国の市中銀行同士の債権債務関係が,ECBを仲介機関として中央銀行同士の債権債務関係に置き換わり,最終的に,各国の中央銀行とECBとの債権債務関係(TARGET Balances)に置き換わる[6]。導入国との対外取引において,支払超過となる国はTARGET Balancesの債務を負い,受取超過となる国はTARGET Balancesの債権を持つようになる。このことは次のような意味を持つ。

まず,ユーロ導入国は,TARGETの下で,従来のコルレス勘定や本支店勘定に加えて,中央銀行預け金を用いて,導入国同士の決済を行う。中央銀行預け金を銀行間決済で使えることによって,ユーロ導入国の市中銀行の創り出す預金通貨は,導入国全土にわたって振替可能になり,ユーロとして機能することになる。

また,ユーロ導入国同士の対外決済では,対外決済手段として外貨準備を保有する必要がなく,最終的にTARGET Balancesが形成されていく。TARGET Balancesは,①各国の中央銀行のバランスシート上において,名目的には債権国と債務国の間の「当座貸越・当座借越」となるが,実質的には債務国にとって返済義務のない無利子かつ無担保の債務となり,②国際収支上において,債務国の赤字を「自動的」にファイナンスする債権国から債務国へのネットの資本輸出となる。

第2に,ユーロ導入国の各国中央銀行は,ユーロシステムにおける金融政策の意思決定に参加し金融調節の対象となり,ユーロで資金供給を受けられることである。言い換えれば,ユーロ導入国においては,ユーロシステムからの新規の信用供与が存在する。そして,導入各国は,ユーロシステムから供給され

た資金を，TARGETを通じて，導入国間の対外経済取引における決済手段として使用できる。そのため，ユーロ導入国においては，ユーロシステムによる新規の信用供与が，対外決済資金の供給ルートになる[7]。

第3に，ユーロ導入国のすべての短期金融市場が統合されるなかで，各国間の裁定取引と，ユーロシステムによる政策金利を実現するための金融調節を通じて，オーバーナイトのEONIA（Euro OverNight Index Average）と銀行間・定期預金のEURIBOR（EURo InterBank Offered Rate）が短期銀行間市場の単一金利として成立し，名目ベースの短期金利が単一化される。

ここまで見てきたように，決済のあり方，中央銀行預け金の形成ルート，金利体系からは，「ドル化」政策と欧州共通通貨ユーロが異なる性格を持つことがわかる。そして，「ドル化」政策が米国との通貨統合であるとみなす見解が，誤りになることも示される。

こうした性格の相違は，当該国が危機的状況に直面した際に，鮮明にあらわれる。そこで，「ドル化」政策と欧州共通通貨ユーロの対比を考える参考になる極端なエピソードを紹介しておこう[8]。

まず，パナマが経験した事態である。1980年代末のパナマでは，政治対立を背景に米国から受けた経済制裁によって在米ドル資産が凍結され，新規の米ドル流入がストップするとともに大規模な資本逃避に見舞われるなかで，（従来より）米国中央銀行から資金供給を受けられず，自国通貨も発行できないために，国内決済システムはマヒし，米ドル現金は大幅に不足したため，国内通貨流通や国内経済の大混乱が生じた。パナマでは，国際収支危機によって米ドル資金の「枯渇」に直面することになった。

それに対して，2008年以降に危機局面に入った南欧では，パナマとは異なる事態が生じた。南欧諸国は，2008年のリーマン・ショック，欧州内の住宅バブル崩壊や財政問題によって，（国による相違はあるが，）金融危機，財政危機，国際収支危機が重なる複合危機に直面した。しかしながら，南欧諸国（とくにアイルランド，イタリア，ギリシャ，スペイン，ポルトガル）は，経常収支赤字あるいは資本逃避に見舞われ，それをカバーする資本輸入をできなかったにもかかわらず，ユーロシステムからの資金供給と，TARGETを通じた決済によって，ユーロ資金の「枯渇」に直面しなかった。

このなかで，ユーロ導入国では，各国の中央銀行を通じたECBによる資金供給の規模と手段の大きな相違，TARGETを通じた決済にともなうユーロシステム内におけるTARGET Balancesの不均衡があらわれるとともに，金融政策が国内の資金不足だけでなく国際収支上の問題を「解決」する構図が出現した。

以上のように，中央銀行制度や決済制度を踏まえて「ドル化」政策と欧州共通通貨ユーロの対比を行う必要がある。そこからは，「ドル化」政策と欧州共通通貨ユーロは全く異なる性格を持つことが示される。より広く見れば，ユーロ導入国と「ドル化」国では，通貨制度面においておかれる状況が全く異なるのである。

3　ユーロ・ダラー市場との対比の可能性

非米諸国において米ドル建ての取引が行われている点に着目すれば，ロンドンを中心とする米ドル建て国際金融市場であるユーロ・ダラー市場と，「ドル化」政策のもとでの非米諸国は，「ドル預金」が形成されるという点で似ているように見える。しかし，両者は，基本的に異なるものである。

ここでは，米ドル預金の決済という観点から，「ドル化」政策とユーロ・ダラー市場を対比しておこう。

最初に，「ドル化」政策のもとでの「ドル預金」である。「ドル化」国では，米ドル資産が市中銀行に預け入れられ（「ドル預金」の形成），市中銀行はその大部分を中央銀行に預け入れる（「中央銀行預け金」の形成）。これらのことを前提に，「ドル化」国には手形交換所や中央銀行預け金の振替システムが構築されて，市中銀行に置かれている「ドル預金」が「ドル化国の国内通貨」として機能している。そのうえで，在「ドル化」国の市中銀行は，各種の米ドル資産（そこには「ドル化」国の中央銀行預け金も含まれる）を現金準備として「預金設定による貸出」を通じて，在「ドル化」国の預金通貨を創り出すことができる。

在「ドル化」国の預金通貨は，「ドル化」国の中央銀行預け金の振替を通じて「ドル化」国で流通するが，在米銀行の口座への直接的な振替をできないために対外決済に使えるわけではない。米ドルによる対外決済は，在「ドル化」国の市中銀行が在米銀行に保有している米ドル残高の振替によって行われる。

補論　「ドル化」政策と対比しうる事例　161

　こうして，決済機能という観点で見れば，在「ドル化」国の預金通貨は，決済機能をもつこと，そして，米ドル建てであっても流通範囲が「ドル化」国内にとどまる「ドル化国の国内通貨」としての性格を持つことを改めて確認しなければならない。

　次に，ユーロ・ダラー市場についてである[9]。ユーロ・ダラー市場は，先進国をはじめとする各国金融機関が規制や監督を免れて自由な金融活動を行い，多国籍企業や政府も資金の運用・調達のために利用する国際金融市場である。

　ユーロ・ダラー預金は，米国の居住者，非居住者を問わず，在米銀行にあるドル預金を，非米諸国に所在する銀行に移したものである。

　ここでは，決済のあり方として，次のことを確認しておかなければならない。まず，「ドル化」国，ユーロ・ダラー市場を問わず，非米諸国に所在している銀行（たとえ米銀の在外支店であっても）は米国中央銀行への預金口座（中央銀行預け金）保有を認められていない。また，ユーロ・ダラー市場の中心であるイギリスのロンドンを念頭におけば，在ロンドンの銀行は受け入れたドル預金をイングランド銀行に預けることはなく，ユーロ・ダラー市場には中央銀行預け金の振替システムが存在していない。こうして，米ドルの手形交換所や在ロンドンの銀行が受け入れた米ドルの銀行間決済機能は，イギリスには存在せず，米国にのみ存在することになる。

　在ユーロ・ダラー市場の銀行が米ドルの決済を行う場合は，その銀行が在米銀行に保有している口座を使って行う以外になく，ユーロ・ダラー預金の決済は，在米銀行のコルレス勘定や本支店勘定を用いて在米ドル預金の振替を通じて行われる。そのために，非米諸国に所在する銀行は，ドル預金を受け入れるのに対応して，在米銀行の口座（本支店口座，あるいは，コルレス口座）に一覧払の米ドル預金を保有しているのである。したがって，非米諸国に所在する銀行が受け入れたユーロ・ダラー預金は，期限が超短期であっても一覧払預金ではなく，定期預金となる。

　こうしたことを踏まえると，在ユーロ・ダラー市場の銀行は，当然のことながら「預金設定による貸出」を行えない。というのも，「預金設定による貸出」は，預金を通貨として機能させるために決済システムを必要とし，また，定期預金への振込ではなく一覧払預金への振込を通じて行われるが，決済システム

や一覧払預金はユーロ・ダラー市場に存在しないからである。そのため、在ユーロ・ダラー市場の銀行は、決済手段を新規に創り出す機能ではなく、あくまでも「国際金融仲介」機能を担っていることになる。
　以上のように、決済の観点から見れば、「ドル化」国にもユーロ・ダラー市場にもドル預金があるといっても、「ドル化」国の預金とユーロ・ダラー市場の預金はまったく異なった性格を持っていることになる。

4　結び

　補論では、「ドル化」政策と対比しうる事例について、対比のポイントを検討してきた。
　補論で検討した事例と「ドル化」政策の間にはいくつもの媒介項があり、単純な対比をすることはできない。しかしながら、本書が提示した「ドル化」政策の通貨制度の実態に基づいて対比する視点は、先行研究において十分に取り上げられておらず、より実態に即した対比を可能にする。その意義は決して小さくない。

［注］
1) 金本位制をめぐる論点や研究は数多く存在する。本文における金本位制に関する記述については、多くの論者によって既に議論されており、事実認識として異論は出されないと思われる。ここでは、金本位制下における中央銀行レベルと市中銀行レベルの資金供給に関する小西［2014］（第1章、第3章第2節）、山本［2002］（2-4頁）、吉田［2002］（208頁）の指摘を参照して整理した。
　　関連する文献も紹介しておこう。
　　まず、Drummond［1987］、上川［2007］（21-27頁）、上川［2015］（52-61頁）、平岡［2007］（63-69頁）は、金本位制の歴史や展開過程を交えながら、先行研究をサーベイしており、研究動向を知る際に便利である。
　　また、1844年の「ピール銀行条例」をめぐる「通貨学派」と「銀行学派」の有名な論争について、小林襄治［2012］（とくに29-30頁、42-51頁）、春井［2013］（34-45頁、65-67頁）が平易に解説しており、Kindleberger［2002］（とくに邦訳19-20頁、第4章）はバブルや金融危機の分析に応用している。
　　さらに、金本位制下の中央銀行の行動については、Bloomfield［1959］（あるいは同論文だけでなく他の重要な論文の翻訳も収録した小野・小林訳［1975］）や藤瀬・吉岡編［1987］が詳細な検討を行っている。
2) カレンシーボード制度をめぐる文献としては、かつてのインドの事例を中心国と周辺国の権力関係のなかで形成された国際分業構造との関連で検討した本山［1976］（第5章〜第6章）、現代の事

例を各国・地域の比較を通じて整理した白井［2000］、アルゼンチンにおける実情や崩壊過程を検討した山崎［2003］（230-235頁）、毛利［2001］（164-166頁）、Steger［2009］（邦訳62-63頁）、香港の事例を検討した承［2003］を参照されたい。
3）市中銀行の機能や預金通貨については検討の余地が存在する。カレンシーボード制度に関する研究書や解説書では、通貨当局レベルの資金供給には焦点が当たるにもかかわらず、市中銀行が外貨資金を通貨当局に預け入れることによって現金や中央銀行預け金を入手できることからイメージしてなのか、市中銀行レベルの資金供給、すなわち市中銀行が「預金設定による貸出」を通じて預金通貨を創造しているのか否かには焦点が十分に当たっていない。

　しかしながら、ここには2つの問題がある。まず、在「ドル化」国の市中銀行や金本位制下の市中銀行は「預金設定による貸出」を行っている。また、香港を例にとれば、東アジア通貨危機の際に、投機筋が売り浴びせる対象となった香港ドルは、現金や中央銀行預け金だけでなく、預金通貨も含まれているはずである。というのも、手間を考えれば多額の取引が必要になる投機には現金は不向きであり、中央銀行預け金はヘッジファンドをはじめとする投機筋には保有されていないからである。

　こうしたことを踏まえると、カレンシーボード制度下の市中銀行は、どのような形で貸出を行うのか、そして、「預金設定による貸出」を行うのかが論点として提起される。言い換えれば、本文ではマネタリーベースに焦点を当てたが、マネーストックにも焦点を当てる必要がある。
4）「ドル化」政策研究における堀江［2016］の位置づけには注意が必要である。堀江［2016］は、エクアドルにおける経済政策、財政収支、国際収支の動向に基づいて、「ドル化」政策の持続可能性を大きな論点としている。しかしながら、堀江［2016］の分析視角は、本邦研究者である松井謙一郎氏、木下直俊氏、そして、本書の筆者の一連の論考においてすでに提起されており、新しい分析視角とは言い難い。そのため、堀江［2016］は、その参考文献リストに本邦研究者の文献を掲載していないが、結果的には本邦研究者によって確立された分析視角を援用してエクアドルの「ドル化」政策を検討した文献という位置づけになる。
5）欧州共通通貨ユーロにおける中央銀行制度と決済制度を整理する際には、①TARGET Balancesの形成プロセス、中央銀行の信用供与が持つ意味合い、ユーロにおける短期金融市場の統合と金利体系、そして、ユーロが共通通貨として成立する条件を詳細に検討した奥田［2001］（のちに奥田［2002］第8章にも所収）、②危機時における問題のあらわれ方を検討した奥田［2011］（のちに奥田［2012］第6章にも所収）や奥田［2015b］、③ユーロにおける「最後の貸し手」機能をめぐってユーロ導入国の各国中央銀行とECBの関係やギリシャ危機時の状況を検討した奥田［2016b］（とくに129-132頁および144-146頁、のちに奥田［2017］第6章にも所収）を参照した。

　のちに、TARGET Balancesをめぐる問題は、ECBとブンデスバンクに照会を行うことでユーロの通貨当局者が問題の存在を認める端緒となったSinn and Wollmershaeuser［2011］を嚆矢として、この研究に依拠する形で、外国研究者ではCecchetti, McCauley, and McGuire［2012］、Dor［2011］、本邦研究者では河村［2012］（のちに河村［2015］225-238頁にも所収）、竹森［2012］（第7章）、山本［2014］といった数々の議論がなされてきた。この議論に対して、ユーロの通貨当局者はDeutsche Bundesbank［2011］（pp.34-35）、European Central Bank［2011］、Weidmann［2012］といった文献で応えている。また、Sinn and Wollmershaeuser［2011］の問題提起とほぼ同じタイミングで、伊豆［2012a, 2012b］（のちに伊豆［2016］第3章にも所収）は、ユーロ導入国の各国中央銀行のバランスシートを用いて、危機時の金融政策との関連でTARGET Balancesをめぐる問題を検討している。TARGET Balancesをめぐる議論が盛り上がり研究が蓄積されているなかで、サーベイ文献としては、議論の内容、方向性、性格を整理した田中［2015b］、田中・代田［2016］（132-136頁）を参照されたい。
6）TARGETの決済プロセスにおけるバランスシートの具体的な動きについては、ECBやユーロ導

164　補論　「ドル化」政策と対比しうる事例

　　　入国の各国中央銀行の資料に基づいて解説した清水［2009］（122-127頁）を参照されたい。
7）厳密には，次のことにも留意されたい。
　　　まず，金融調節の手段となる公開市場操作や貸出ファシリティは，意思決定がユーロシステムにおいてなされ，その決定に基づいて各国中央銀行を通じて実施されるが，ECBが実質的な主導権を持っている。そのため，各国中央銀行は独自の信用供与機能を持たず，結果的に各国中央銀行の「最後の貸手」機能は消失しており，実際の信用供与の手続きはECB→各国中央銀行→市中銀行の流れとなる。
　　　また，ユーロシステムにおいて，公開市場操作には資金供給の規模や方法で様々な条件があり，貸出ファシリティからの借入は金利支払の必要があるうえにオーバーナイトで超短期となるために，新規の信用供与は，無制限かつ無条件になされるわけではない。
8）以下では，危機的状況に直面したパナマ，および，南欧の状況を取り上げる。当時のパナマの状況については，第1章の注10）をあわせて参照されたい。また，南欧については，補論の注5）に記した奥田宏司氏の一連の文献を参照しながら整理を行った。とくに，危機的状況に直面した南欧がユーロ資金の「枯渇」に直面しなかった点は，奥田［2016b］（146頁）で改めて指摘されている。
9）本書では，決済のあり方を出発点に「ドル化」政策の検討を行ってきた。この観点は「ドル化」政策とユーロ・ダラー市場を対比する際にも必須となる。そのため，ユーロ・ダラー市場については，決済の観点に基づいて検討した奥田［1988］（第3章，とくに91-96頁，98-100頁）を参照して整理を行った。

参考文献一覧

新木秀和［2001］「ドル化と通貨の生態学」『イベロアメリカ研究』第22巻第2号，2月．
新木秀和編［2006］『エクアドルを知るための60章』明石書店．
新木秀和［2007］「エクアドルのバナナ産業の新しい展開」星野妙子編『ラテンアメリカ新一次産品輸出経済論——構造と戦略』日本貿易振興機構アジア経済研究所．
新木秀和編［2012］『エクアドルを知るための60章　第2版』明石書店．
碇順治［2013］「どうなる『移民天国』スペイン——人口比13％の外国人を抱えて」坂東省次編『現代スペインを知るための60章』明石書店．
伊豆久［2009a］「国際金融危機と短期金融市場」『証研レポート』第1652号，2月．
伊豆久［2009b］「ドル不足はなぜ生じたか——米国におけるレポ市場と通貨供給方式」『証研レポート』第1653号，4月．
伊豆久［2011］「リーマン・ショックとFRB——金融危機と短期金融市場」『証券経済研究』第73号，3月．
伊豆久［2012a］「欧州中央銀行における不均衡問題」『証券経済研究』第78号，6月．
伊豆久［2012b］「ユーロ危機と欧州中央銀行（講演録）」『証券レビュー』第52巻第7号，7月．
伊豆久［2012c］「日銀の『危機対策』と『最後の貸し手』機能」『証研レポート』第1674号，10月．
伊豆久［2013a］「日本銀行法と『最後の貸し手』機能」『証研レポート』第1676号，2月．
伊豆久［2013b］「金融危機と日本銀行——特融・預金保険機構向け貸付・出資」『証研レポート』第1678号，6月．
伊豆久［2014］「中央銀行と自己資本——『出口戦略』を考える」『証研レポート』第1684号，6月．
伊豆久［2016］『金融危機と中央銀行』九州大学出版会．
伊藤千尋［2017］「米国のヒスパニック——カリフォルニアの『レコンキスタ』」（後掲の後藤・山崎編著［2017］所収）．
伊豫谷登士翁［2001］『グローバリゼーションと移民』有信堂高文社．
岩田一政［2010］『デフレとの闘い　日銀副総裁の1800日』日本経済新聞出版社．
岩田一政・日本経済研究センター編［2014］『量的・質的金融緩和　政策の効果とリスクを検証する』日本経済新聞出版社．
岩田健治［2012］「グローバリゼーションと為替相場制度」上川孝夫・藤田誠一編『現代国際金融論　第4版』有斐閣．
岩本武和［2012］『国際経済学　国際金融編』ミネルヴァ書房．
植田和男［2005］『ゼロ金利との闘い——日銀の金融政策を総括する』日本経済新聞社．
宇田川敬介［2016］『パナマ文書公開とタックス・ヘイブンの陰謀！』青林堂．
内多允［2004］「中米地域の対外経済関係とCAFTA」『国際貿易と投資』第16巻第2号，夏号．
内多允［2005］「中南米における移民送金」『名古屋文理大学紀要』第5号，3月．
内多允［2006］「米国ヒスパニックの経済力と対中南米送金」『国際貿易と投資』第18巻第2号，秋号．
内多允［2009］「不況で低迷する中南米移民の送金と雇用」『国際貿易と投資』第21巻第3号，冬号．
内多允［2011］「拡大する中南米・中国経済関係」『国際貿易と投資』第22巻第4号，春号．
梅田雅信［2011］『日銀の政策形成——『議事録』等にみる，政策判断の動機と整合性』東洋経済新報社．
エクアドル中央銀行［2000a］「資料　エクアドル中央銀行のドル化に関する発表（上）」『ラテン・アメリカ時報』6月号．

エクアドル中央銀行［2000b］「資料　エクアドル中央銀行のドル化に関する発表（中）」『ラテン・アメリカ時報』7月号.

エクアドル中央銀行［2000c］「資料　エクアドル中央銀行のドル化に関する発表（下）」『ラテン・アメリカ時報』8月号.

大泉光一・牛島万編［2005］『アメリカのヒスパニック=ラティーノ社会を知るための55章』明石書店.

大村大次郎［2016］『元国税調査官が暴くパナマ文書の正体』ビジネス社.

小川幸子［2003］「ドル化国におけるマクロ経済均衡――パナマにおける調整問題」『経済学研究論集』第18号, 2月.

翁邦雄［1993］『金融政策　中央銀行の視点と選択』東洋経済新報社.

翁邦雄［1999］「ゼロ・インフレ下の金融政策について――金融政策への疑問・批判にどう答えるか」『金融研究』第18巻第3号, 8月.

翁邦雄［2011］『ポスト・マネタリズムの金融政策』日本経済新聞出版社.

翁邦雄［2013a］『金融政策のフロンティア　国際的潮流と非伝統的政策』日本評論社.

翁邦雄［2013b］『日本銀行』筑摩書房.

奥田宏司［1988］『多国籍銀行とユーロカレンシー市場　ドル体制の形成と展開』同文舘.

奥田宏司［2001］「欧州通貨統合とTARGET――イギリスの地位とユーロ・ユーロ取引に言及しながら」『立命館国際研究』第14巻第1号, 6月.

奥田宏司［2002］『ドル体制とユーロ, 円』日本経済評論社.

奥田宏司［2010］「外国為替と国際通貨」奥田宏司・神澤正典編『現代国際金融　構図と解明　第2版』法律文化社.

奥田宏司［2011］「ユーロ決済機構の高度化（TARGET2）について――TARGET Balancesと『欧州版IMF』設立の関連」『立命館国際研究』第24巻第1号, 6月.

奥田宏司［2012］『現代国際通貨体制』日本経済評論社.

奥田宏司［2013］「経常収支, 財政収支の基本的な把握――『国民経済計算』的視点の意義と限界」『立命館国際研究』第26巻第2号, 10月.

奥田宏司［2014a］「アメリカの量的金融緩和政策と新たな国際信用連鎖の形成についての覚書――BIS, IMFのSpillovers論の批判的検討」『立命館国際研究』第26巻第3号, 2月.

奥田宏司［2014b］「2013年の世界の外国為替市場における取引（BISと各国中央銀行の調査）――ユーロと人民元に注目しながら」『立命館国際地域研究』第39号, 3月.

奥田宏司［2014c］「2013年の日本の国際収支構造と為替需給――経常収支黒字の消滅, 日本の国際収支表の分析方法」『立命館国際研究』第27巻第1号, 6月.

奥田宏司［2015a］「グローバル・インバランス論と対米ファイナンスにおける日本と中国のちがい――『円投』と『債務決済』に言及しながら」『立命館国際研究』第28巻第1号, 6月.

奥田宏司［2015b］「ユーロ不安の基本的性格とユーロの決済システム――TARGET Balancesの累積（試練にたつEU①）」『経済』第239号, 8月.

奥田宏司［2015c］「国際収支の通貨区分と為替需給の分析の意義――拙稿へのコメントの検討」『立命館国際研究』第28巻第2号, 10月.

奥田宏司［2016a］「原油価格の低落と中国のドル準備の減少の中での対米ファイナンス――国際マネーフローの変容についての覚書」『立命館国際研究』第29巻第1号, 6月.

奥田宏司［2016b］「南欧危機とユーロ体制の現実――ギリシャ危機を踏まえて」『立命館国際研究』第29巻第2号, 10月.

奥田宏司［2017］『国際通貨体制の動向』日本経済評論社.

小澤卓也［2006］「『裏庭』の選択――1979年以降のニカラグア, パナマ, コスタリカの対米関係」『アメリカ史研究』第29巻.

小野高央［2012］「ラテンアメリカ諸国に対する中国の援助」『ラテンアメリカ時報』No.1397, 冬号。
織井啓介［2002］「Bipolar Viewの破綻──中南米の為替制度動向が意味するもの」『開発金融研究所報』第13号, 12月。
上川孝夫［2003］「為替相場制度の現状と将来」紺井博則・上川孝夫編『グローバリゼーションと国際通貨』日本経済評論社。
上川孝夫［2007］「国際金本位制」上川孝夫・矢後和彦編『国際金融史』有斐閣。
上川孝夫［2012］「パックス・ブリタニカの盛衰」上川孝夫・藤田誠一編『現代国際金融論 第4版』有斐閣。
上川孝夫［2015］『国際金融史 国際金本位制から世界金融危機まで』日本経済評論社。
河合恒生［1980］『パナマ運河史』教育社。
川野祐司［2017］「スウェーデンの『e-krona』と『キャッシュレス経済』」『ITIフラッシュ』No.327, 3月。
河村小百合［2012］「欧州債務問題長期化のからくり──欧州中央銀行制度による「隠れた救済メカニズム」と急膨張する各国の負担」『JRIレビュー』第1巻第1号, 11月。
河村小百合［2014］「海外主要中央銀行による非伝統的手段による金融政策運営と課題」『JRIレビュー』第9巻第19号, 11月。
河村小百合［2015］『世界の中央銀行 欧州中央銀行の金融政策』金融財政事情研究会。
菊地渉［2013］「国際収支関連統計の見直しについて」『財務省広報誌 ファイナンス』第49巻第8号, 11月。
木下直俊［2015］「ドル化国エクアドルにおける電子マネー導入の背景と展望」『金融』第816号, 3月。
木下直俊［2017］「エクアドル経済──コレア政権の負の遺産とモレノ新政権の経済課題」『ラテンアメリカ・レポート』第34巻第1号, 7月。
木下直俊・林康史［2013］「"ドル化"国の中央銀行の役割と政策」『金融』第800号, 11月。
木村秀史［2011］「最適通貨圏論の再考──途上国の通貨統合との関係から」『国学院大学経済学研究』第42号, 3月。
木村秀史［2015］「発展途上国の通貨同盟における為替政策と金融政策の放棄のコスト──最適通貨圏の理論に対する批判的検討」『総合政策論叢』第30号, 11月。
木村秀史［2016］『発展途上国の通貨統合』蒼天社出版。
及能正男［1986］『オフショア市場 拡大する無国籍金融センター群』有斐閣。
楠貞義［2011］『現代スペインの経済社会』勁草書房。
楠貞義［2013］「移民の素描──送り出し国から受け入れ国へ」坂東省次編『現代スペインを知るための60章』明石書店。
国本伊代［1992］『概説 ラテンアメリカ史』新評論。
国本伊代・小林志郎・小澤卓也［2004］『パナマを知るための55章』明石書店。
桑原小百合［2005］「途上国への労働者送金について」『国際金融』第1151号, 9月。
後藤政子・山崎圭一編著［2017］『グローバル・サウスはいま 5 ラテンアメリカはどこへ行く』ミネルヴァ書房。
小西一雄［1984］「ユーロダラーとアメリカ所在銀行──ユーロ市場の機能についての予備的考察」『立教経済学研究』第37巻第3号, 1月。
小西一雄［1992］「銀行の機能と役割」谷田庄三・野田正穂・久留間健編『現代の金融（上） 現代金融の制度と理論』大月書店。
小西一雄［2006］「アメリカの対外債務累積と『カジノ資本主義』の新段階──その構造・意味・限界」『季刊経済理論』第43巻第2号, 7月。
小西一雄［2014］『資本主義の成熟と転換 現代の信用と恐慌』桜井書店。
小西宏美［2006a］「多国籍企業の資金調達と対外直接投資──アメリカ多国籍企業ヨーロッパ子会社

の資金調達」『立命館国際地域研究』第24号，3月．
小西宏美［2006a］「オランダ金融子会社にみる多国籍企業内国際マネーフロー」『駒沢大学経済学論集』第38巻第1・2号，12月．
小西宏美［2017］『グローバル資金管理と直接投資』日本経済評論社．
小林亜紀子・河田雄次・渡邉明彦・小早川周司［2016］「中央銀行発行デジタル通貨について――海外における議論と実証実験」『日銀レビュー』2016-J-19，11月．
小林襄治［2012］「イギリス」国際銀行史研究会編『金融の世界史 貨幣・信用・証券の系譜』悠書館．
小林志郎［2000］『パナマ運河 百年の攻防と第二運河構想の検証』近代文芸社．
小林志郎［2007］『パナマ運河拡張メガプロジェクト 世界貿易へのインパクトと第三閘門運河案の徹底検証』文眞堂．
小林志郎［2012］「パナマ運河に見る中国・ラテンアメリカの貿易関係と『運河拡張工事』」『ラテンアメリカ時報』No.1397，冬号．
斉藤美彦［2014］『世界の中央銀行 イングランド銀行の金融政策』金融財政事情研究会．
酒井良清・榊原健一・鹿野嘉昭［2011］『金融政策 第3版』有斐閣．
櫻井公人［2006a］「アメリカ経済――移民による建国からカジノ・グローバリズムまで――」本山美彦編『世界経済論――グローバル化を超えて――』ミネルヴァ書房．
櫻井公人［2006b］「移民による送金とマネー・ロンダリング」『立教経済学研究』第60巻第2号，10月．
櫻井公人［2009］「グローバリゼーションと経済政策」『立命館経営学』第48巻第4号，11月．
櫻井公人［2010］「人の移動とグローバリゼーション――構造化を促す舞台裏の推進力」石田修・板木雅彦・櫻井公人・中本悟編『現代世界経済をとらえる Ver.5』東洋経済新報社．
櫻井公人［2016］「新興国の金融問題」奥田宏司・代田純・櫻井公人編『現代国際金融 構図と解明 第3版』法律文化社．
志賀櫻［2013］『タックス・ヘイブン――逃げていく税金』岩波書店．
清水良樹［2009］「ユーロ域内取引における国際収支不均衡とその限界」『立教経済学研究』第63巻第2号，10月．
承怡清［2003］「カレンシー・ボード制――香港の事例」紺井博則・上川孝夫編『グローバリゼーションと国際通貨』日本経済評論社．
白井早由里［2000］『カレンシーボードの経済学 香港にみるドル連動制の再考』日本評論社．
白井早由里［2002］『入門 現代の国際金融 検証 経済危機と為替制度』東洋経済新報社．
白川方明［2008］『現代の金融政策 理論と実際』日本経済新聞出版社．
鈴木淑夫［1980］『金融』日本経済新聞社．
鈴木淑夫［1993］『日本の金融政策』岩波書店．
鈴木芳徳［1985］「信用創造」浜野俊一郎・深町郁彌編『資本論体系 第6巻 利子・信用』有斐閣．
須田美矢子［2014］『リスクとの闘い 日銀政策委員会の10年を振り返る』日本経済新聞出版社．
関下稔［2000］「アメリカ国際直接投資論序説――対外直接投資と対内直接投資の戦後五五年間の軌跡」『経済』第57号，6月．
関下稔［2002］『現代多国籍企業のグローバル構造 国際直接投資・企業内貿易・子会社利益の再投資』文眞堂．
曽野和明・神田秀樹［2004］「東京国際通貨法セミナーの模様 21世紀における通貨法概念の再構築」『日本銀行金融研究所 Discussion Paper』No. 2004-J-25，9月．
滝沢健三［1984］『国際金融 通説への批判』東洋経済新報社．
田口奉童［2000］「エクアドルのドル化とその課題」『国際金融』第1049号，7月．
田口信夫［1986］「発展途上国の対外債務累積問題と現代世界経済」本山美彦・田口信夫編『南北問題の今日』同文舘．

参考文献一覧　169

田島陽一［2006］「グローバリズムとリージョナリズムの相克――メキシコの開発戦略」晃洋書房。
田島陽一［2017］「貿易・投資を通じた中国のラテンアメリカへの影響」（前掲の後藤・山崎編著［2017］所収）。
竹森俊平［2012］『ユーロ破綻　そしてドイツだけが残った』日本経済新聞出版社。
舘龍一郎（原文ママ）［1990］「情報と金融――信用仲介理論の最近の発展と制度改革」『日本学士院紀要』第44巻第3号，3月。
田中素香・春井久志・藤田誠一編［2004］『欧州中央銀行の金融政策とユーロ』有斐閣。
田中隆之［2014］『世界の中央銀行　アメリカ連邦準備制度（FRS）の金融政策』金融財政事情研究会。
田中綾一［2008］「IMFの国際収支マニュアル改訂について」『関東学院法学』第18巻第2号，11月。
田中綾一［2015a］「日本の経常収支動向と国際収支分析の問題点――縮小する経常黒字と2014年上半期の国際収支構造」『関東学院法学』第24巻第3号，1月。
田中綾一［2015b］「TARGET Balances論争の総括――『隠された公的支援』論の評価および米国連邦準備銀行のISAと欧州のデノミリスクヘッジとの関係を中心に」『関東学院法学』第25巻第1・2合併号，11月。
田中綾一・代田純［2016］「ユーロ体制の現状とギリシャ等の南欧危機」奥田宏司・代田純・櫻井公人編『現代国際金融　構図と解明　第3版』法律文化社。
近廣昌志［2014］「ケインズおよびポストケインジアンの貨幣供給理論の検討――ポストケインジアンの内生的貨幣供給理論の問題点」『商学論纂（中央大学）』第55巻第5・6号，3月。
近廣昌志［2016］「管理通貨制と中央銀行」川波洋一・上川孝夫編『現代金融論　新版』有斐閣。
内藤敦之［2011］『内生的貨幣供給理論の再構築　ポスト・ケインズ派の貨幣・信用アプローチ』日本経済評論社。
中尾茂夫［1988］『世界マネーフロー　国際金融市場の歴史と現代』同文舘。
中尾茂夫［1991］『ジャパンマネーの内幕』岩波書店。
永川秀男［1979］「世界のオフショア・バンキング・センター（8）――パナマ，バーミューダ諸島」『国際金融』第626号，6月。
永川秀男［1985］『オフショア金融市場　タックス・ヘイブンの研究』外国為替貿易研究会。
中村雅秀［1988a］「多国籍企業の国際財務戦略とタックス・ヘイヴン」『証券経済』第165号，9月。
中村雅秀［1988b］「多国籍企業とカリブ海タックス・ヘイヴン――資産運用基地＝バハマの分析を中心にして」『経済論叢』第142巻第4号，10月。
中村雅秀［1995］『多国籍企業と国際税制　海外子会社，タックス・ヘイヴン，移転価格，日米租税摩擦の研究』東洋経済新報社。
中村雅秀［2010］『多国籍企業とアメリカ租税政策』岩波書店。
中島真志・宿輪純一［2013］『決済システムのすべて　第3版』東洋経済新報社。
滑川・月見庵［2000］「パナマの片務的ドル化――歴史的背景と好調な現状」『国際金融』第1039号，2月。
西山隆行［2016］『移民大国アメリカ』筑摩書房。
日本銀行企画局［2006］「主要国の中央銀行における金融調節の枠組み」『日本銀行調査季報』秋号。
日本銀行金融研究所編［2011］『日本銀行の機能と業務』有斐閣。
日本銀行国際局［2013］「国際収支関連統計の見直しについて」『BOJ Reports & Research Papers』，10月。
日本銀行・国際収支統計研究会［2000］『入門　国際収支　統計の見方・使い方と実践的活用法』東洋経済新報社。
日本銀行百年史編纂委員会編纂［1985］『日本銀行百年史　第5巻　1945年～1959年：戦後復興期から高度成長期の前まで』日本銀行。

日本銀行百年史編纂委員会編纂［1986］『日本銀行百年史　第6巻　1960年〜1982年：高度成長期から創立百周年まで』日本銀行．
日本貿易振興機構［2008］『世界貿易投資報告』2008年版．
日本貿易振興機構［2009］『世界貿易投資報告』2009年版．
根本忠宣［2003］『基軸通貨の政治経済学』学文社．
畑瀬真理子［2001］「最近のドル化（dollarization）・ユーロ化（euroization）を巡る議論について」『日本銀行　海外事務所ワーキングペーパーシリーズ 01-2』3月．
林康史・木下直俊［2012a］「エクアドルのドル化政策——現状と今後の課題」『立正大学経済学季報』第61巻第3・4号，3月．
林康史・木下直俊［2012b］「通貨の実験　ドルを自国通貨にしたエクアドルの苦悩」『週刊エコノミスト』10月23日号．
林康史・木下直俊［2014］「ドル化政策実施国における金融政策——エクアドル・エルサルバドル・パナマの事例」『立正大学経済学季報』第64巻第1号，7月．
春井久志［2013］『中央銀行の経済分析　セントラル・バンキングの歴史・理論・政策』東洋経済新報社．
ビヤンバ・バトサイハン［2005］「発展途上国におけるドル化の動向とその意義」『亜細亜大学大学院経済学研究論集』第29号，3月．
平岡賢司［2007］「再建金本位制」上川孝夫・矢後和彦編『国際金融史』有斐閣．
平子明［1996］「米ドル流通の功罪——パナマ経済・社会の特異性」『外務省調査月報』2月号．
藤瀬浩司・吉岡昭彦編［1987］『国際金本位制と中央銀行政策』名古屋大学出版会．
淵上隆［2012］「ラテンアメリカと中国（概観）」『ラテンアメリカ時報』No.1397，冬号．
フリードマン，M.・A. シュウォーツ著，久保恵美子訳［2009］『大収縮　1929-1933［米国金融史］第7章』日経BP社．
北條ゆかり［2017］「在米ラティーノの影響力——求められる新しいラテンアメリカ・米国関係」（前掲の後藤・山崎編著［2017］所収）．
細野昭雄・田中高編［2010］『エルサルバドルを知るための55章』明石書店．
堀江正人［2016］「ドル化したエクアドル経済のゆくえ」『国際金融』第1284号，5月．
松井謙一郎［2009a］「中南米地域の郷里送金とオランダ病」『国際金融』第1198号，3月．
松井謙一郎［2009b］「中南米地域のドル化政策分析の視点——国内の政治状況と郷里送金の要因の重要性」『国際金融』第1207号，12月．
松井謙一郎［2009c］「中米地域において郷里送金が通貨制度に及ぼす影響に係る考察」『ラテンアメリカ論集』第43号．
松井謙一郎［2010］「エルサルバドルの公式ドル化政策に関する政治経済学的考察——政策のロックイン効果に焦点をあてた分析」『ラテンアメリカ論集』第44号．
松井謙一郎［2011a］「中米から米国への労働移動が中米のドル化に及ぼす影響」『イベロアメリカ研究』第32巻第2号，1月．
松井謙一郎［2011b］「中南米の通貨制度における『安定装置』としての郷里送金——米州システムの視点に基づく役割の考察」『ラテンアメリカ・カリブ研究』第18号，5月．
松井謙一郎［2011c］「投資適格国としてのパナマの現状と今後の課題」『国際通貨研究所　Newsletter』No.18，9月26日．
松井謙一郎［2011d］「中南米地域におけるカレンシーボード・ドル化の経験と通貨同盟との比較——ハードペッグの比較とユーロの問題へのインプリケーション」『国際通貨研究所　国際金融トピックス』No.206，10月26日．
松井謙一郎［2012a］「中南米地域の小国の生き残り戦略——パナマ・コスタリカ・ウルグアイの比較」『国際金融』第1233号，2月．

松井謙一郎［2012b］「『脱ドル化』に向けて着実に準備を進める中南米」『国際通貨研究所　国際金融トピックス』No.214, 4月6日．

松井謙一郎［2013］「ユーロ危機の諸相③（移民と住宅ローン問題）——スペインの移民と米国のヒスパニック移民の比較を中心に」『国際金融』第1249号, 6月．

松井謙一郎［2016］「中南米におけるドル化政策の意義の再考——政治経済学的視点からの考察」『国際金融』第1284号, 5月．

松林洋一［2010］『対外不均衡とマクロ経済　理論と実証』東洋経済新報社．

松村文武［1985］『現代アメリカ国際収支の研究　アメリカン・ネットワークの検証』東洋経済新報社．

松村文武［1988］『債務国アメリカの構造』同文舘．

松村文武［1993］『体制支持金融の世界　ドルのブラックホール化』青木書店．

松村文武［2002］「Accounts Payable-trade Balanceとしての米国債務——アメリカ国際収支研究の回顧と展望」『経済論集』第80号, 12月．

松村文武［2004］「『対外債務残高』と『国際投資残高』の異同——純最大債務国債務の複雑性」『経済論集』第82号, 2月．

松村文武［2010］「或る国際経済研究の軌跡——退職記念論文」『経済論集』第94号, 3月．

丸谷雄一郎［2009］『ラテンアメリカ経済成長と広がる貧困格差』創成社．

毛利良一［2001］『グローバリゼーションとIMF・世界銀行』大月書店．

毛利良一［2006］「発展途上国の為替相場制度」信用理論研究学会編『金融グローバリゼーションの理論』大月書店．

本山美彦［1976］『世界経済論』同文舘．

森田桐郎編［1987］『国際労働力移動』東京大学出版会．

森田桐郎（室井義雄編集）［1997］『世界経済論の構図』有斐閣．

森田桐郎・本山美彦編［1980］『世界経済論を学ぶ』有斐閣．

山口英果・渡邉明彦・小早川周司［2015］「『デジタル通貨』の特徴と国際的な議論」『日銀レビュー』2015-J-13, 12月．

山口義行［1997］『金融ビッグバンの幻想と現実』時事通信社．

山口義行［2002］『誰のための金融再生か——不良債権処理の非常識』筑摩書房．

山口義行［2004］『経済再生は「現場」から始まる　市民・企業・行政の新しい関係』中央公論新社．

山口義行［2011］『本当に日本銀行が悪いのか』三惠社．

山口義行［2015］「信用創造と金融仲介——バブル経済を理解するための理論的基礎」『立教経済学研究』第69巻第1号, 7月．

山崎圭一［2003］「『ドル化』——中南米を中心に」紺井博則・上川孝夫編『グローバリゼーションと国際通貨』日本経済評論社．

山本栄治［1997］『国際通貨システム』岩波書店．

山本栄治［1999］「『ドル本位制』と国際資金循環の不安定性」『経済学研究（九州大学）』第66巻第4号, 10月．

山本栄治［2000］「オフショア金融センター（OFCs）と国際金融システムの不安定性」『世界経済評論』第44巻第8号, 8月．

山本栄治（西村閑也編集）［2002］『国際通貨と国際資金循環』日本経済評論社．

山本周吾［2014］「ユーロ圏の隠れた救済メカニズム——TARGET2 インバランスの効果」藤田誠一・松林洋一・北野重人編『グローバル・マネーフローの実証分析　金融危機後の新たな課題』ミネルヴァ書房．

山本雅司［1977］「パナマ金融市場について」『外務省調査月報』第18巻第2号．

湯本雅士［2010］『サブプライム危機後の金融財政政策　伝統的パラダイムの転換』岩波書店．

横山昭雄［2015］『真説　経済・金融の仕組み　最近の政策論議，ここがオカシイ』日本評論社．
吉田暁［2002］『決済システムと銀行・中央銀行』日本経済評論社．
吉野俊彦［2014］『歴代日本銀行総裁論　日本金融政策史の研究』講談社．
竜舌蘭［2011］「エクアドルとエルサルバドルの公式ドル化」『国際金融』第1229号，10月．
渡辺愼一［2004］「インドシナ3国における『ドル化』と金融システムの発展」国宗浩三・久保公二編『金融グローバル化と途上国』日本貿易振興機構アジア経済研究所．
渡邉哲也［2016］『パナマ文書　「タックスヘイブン狩り」の衝撃が世界と日本を襲う』徳間書店．

Andrade-Eekhoff, K. [2006], "Migration and Development in El Salvador: Ideals Versus Reality", *Migration Policy Institute Migration Information Source*, April.
BBC [2014], "Ecuador gives details of new digital currency", *BBC*, August 29.
Beckerman, P. [2002], "Longer-Term Origins of Ecuador's "Predollarization" Crisis", In Beckerman, P. and A. Solimano eds., *Crisis and Dollarization in Ecuador: Stability, Growth, and Social Equity*, Washington D.C.: The World Bank.
Beckerman, P. and H. Cortes-Douglas [2002], "Ecuador under Dollarization: Opportunities and Risks", In Beckerman, P. and A. Solimano eds., *Crisis and Dollarization in Ecuador: Stability, Growth, and Social Equity*, Washington D.C.: The World Bank.
Bernanke, B. S., C. Bertaut, L. P. DeMarco, and S. Kamin [2011], "International Capital Flows and the Returns to Safe Assets in the United States, 2003-2007", *Board of Governors of the Federal Reserve System International Finance Discussion Papers*, No.1014, February.
Bernanke, B. S. and V. R. Reinhart [2004], "Conducting Monetary Policy at Very Low Short-Term Interest Rates", *American Economic Review*, Vol.94, No.2, May.
Bloomfield, A. I. [1959], *Monetary Policy Under the International Gold Standard, 1880-1914*, New York: Federal Reserve Bank of New York (翻訳は，小野一一郎・小林龍馬訳［1975］『金本位制と国際金融――1880-1914年』日本評論社の第Ⅰ部に所収）．
Bordo, M. D. [1990], "The Lender of Last Resort: Alternative Views and Historical Experience", *Federal Reserve Bank of Richmond Economic Review*, Vol.76, No.1, January/February.
Caceres, L. R. and N. N. Saca [2006], "What Do Remittances Do? Analyzing the Private Remittance Transmission Mechanism in El Salvador", *IMF Working Paper*, WP/06/250, November.
Calvo, G. A. and C. M. Reinhart [2000], "Fear of Floating", *NBER Working Paper*, No.7993, November.
Castles, S. and M. J. Miller [2009], *The Age of Migration: International Population Movements in the Modern World 4th edition*, Basingstoke: Palgrave Macmillan (関根政美・関根薫監訳［2011］『国際移民の時代　第4版』名古屋大学出版会）．
Cecchetti, S. G., R. N. McCauley, and P. M. McGuire [2012], "Interpreting TARGET2 balances", *BIS Working Papers*, No.393, December.
Cohen, B. J. [1998], *The Geography of Money*, Ithaca: Cornell University Press (本山美彦監訳・宮崎真紀訳［2000］『通貨の地理学　通貨のグローバリゼーションが生む国際関係』シュプリンガー・フェアラーク東京）．
Cohen, B. J. [2002], "US Policy on Dollarisation: A Political Analysis", *Geopolitics*, Vol.7, No.1, Summer.
Cohen, B. J. [2003], "Dollarization, Rest in Peace", *International Journal of Political Economy*, Vol. 33, No.1, Spring.
Cohen, B. J. [2004], *The Future of Money*, Princeton: Princeton University Press.

Collyns, C. [1983], "Alternatives to the Central Bank in the Developing World", *IMF Occasional Paper*, No.20, July.
Despres, E., C. P. Kindleberger, and W. S. Salant, [1966], "The Dollar and World Liquidity: A minority view", *The Economist*, February 5.
Deutsche Bundesbank [2011], "The dynamics of the Bundesbank's TARGET2 balance", *Monthly Report*, March.
Doolley, M. P., D. Folkerts-Landau, and P. Garber [2003], "An Essay on the Revived Bretton Woods System", *NBER Working Paper*, No.9971, September.
Dor, E. [2011], "The Enormous Loans of the Deutsche Bundesbank to Distressed European Countries' Central Banks", *IESEG WORKING PAPER SERIES*, 2011-ECO-08, November.
Drummond, I. M. [1987], *The Gold Standard and the International Monetary System 1900-1939*, London: Macmillan (田中生夫・山本栄治訳 [1989] 『金本位制と国際通貨システム　1900-1939』日本経済評論社).
Economic Commission for Latin America and the Caribbean [2005], *Foreign Investment in Latin America and the Caribbean 2004*, Santiago: United Nations Publication.
Eichengreen, B. J. [1994], *International Monetary Arrangements for the 21st Century*, Washington D.C.: Brookings Institution Press (藤井良広訳 [1997] 『21世紀の国際通貨制度　二つの選択』岩波書店).
Eichengreen, B. J. [2006], *Global Imbalances and the Lessons of Bretton Woods*, Cambridge Mass: The MIT Press (畑瀬真理子・松林洋一訳 [2010] 『グローバル・インバランス 歴史からの教訓』東洋経済新報社).
Einzig, P. [1964], *The Euro-Dollar System: Practice and Theory of International Interest Rates*, London: Macmillan (塩野谷九十九・大海宏訳 [1965] 『ユーロ・ダラー』東洋経済新報社).
European Central Bank [2011], "TARGET2 Balances of National Central Banks in the Euro Area", *ECB Monthly Bulletin*, October.
Federal Reserve Bank of New York [2007], "DOMESTIC OPEN MARKET OPERATIONS DURING 2006", *A Report Prepared for the Federal Open Market Committee by the Markets Group of the Federal Reserve Bank of New York*, February.
Frieden, J., D. Leblang, and N. Valev [2010], "The political economy of exchange rate regimes in transition economies", *The Review of International Organizations*, Vol.5, No.1, March.
Friedman, M. [1969], "The Euro-Dollar Market: Some First Principles", *Morgan Guaranty Survey*, October.
Gammage, S. [2006], "Exporting People and Recruiting Remittances: A Development Strategy for El Salvador?", *Latin American Perspectives*, Vol.33, No.6, November.
García-Escribano, M. and S. Sosa [2011], "What is Driving Financial De-dollarization in Latin America?, *IMF Working Paper*, WP/11/10, January.
Goldfajn, I. and G. Olivares [2001], "Full Dollarization: The Case of Panama", *Economia Journal of the Latin American and Caribbean Economic Association*, Vol. 1, No. 2, Spring (Prepared Paper for LCSPR Economic Management Group).
Gourinchas, P-O. and H. Rey [2005], "From World Banker to World Venture Capitalist: US External Adjustment and the Exorbitant Privilege", *NBER Working Paper*, No.11563, August.
Government of Ecuador [2000], *Ecuador Letter of Intent, Memorandum of Economic Policies, and Technical Memorandum of Understanding*, Washington D.C.: International Monetary Fund, April.
Greenspan, A. [2007], *The Age of Turbulence: Adventures in a New World*, New York: Penguin

Press(山岡洋一・高遠裕子訳[2007]『波乱の時代 上・下』日本経済新聞出版社).
Gurley, J. G. and E. S. Shaw with a Mathematical Appendix by A. C. Enthoven [1960], *Money in a Theory of Finance*, Washington D.C.: Brookings Institution(桜井欣一郎訳[1967]『貨幣と金融 改訳版』至誠堂).
Hahn, L. A. [1930], *Volkswirtschaftliche Theorie des Bankkredits*, Tübingen : Mohr(大北文次郎訳[1943]『銀行信用の國民經濟的理論』実業之日本社).
Helleiner, E. [2003a], "Dollarization diplomacy: US policy towards Latin America coming full circle?", *Review of International Political Economy*, Vol.10, No.3, August.
Helleiner, E. [2003b], *The Making of National Money: Territorial Currencies in Historical Perspective*, Ithaca: Cornell University Press.
Helleiner, E. [2006], *Towards North American Monetary Union?: The Politics and History of Canada's Exchange Rate Regime*, Montreal: McGill Queen's University Press.
Helleiner, E. [2007], "Currency Blocks and the Future of Embedded Liberalism", In Bernstein, S. and L. W. Pauly eds., *Global Liberalism and Political Order: Toward a New Grand Compromise?*, New York: State University of New York Press.
Hinds, M. E. [1999], "Prepared Testimony of the Honorable Manuel E. Hinds Former Minister of Finance Republic of El Salvador", *Hearing on Official Dollarization in Emerging-Market Countries, Senate Banking Committee, Subcommittee on Economic Policy and Subcommittee on International Trade and Finance*, July 15.
Honohan, P. and A. Shi [2002], "Deposit Dollarization and the Financial Sector in Emerging Economies", *The World Bank Policy Research working Paper*, January.
Jácome, L. I. and A. Lönnberg [2010], "Implementing Official Dollarization", *IMF Working Paper*, WP/10/106, April.
Johnson, H. G. [1972], *Further Essays in Monetary Economics*, London: George Allen & Unwin.
Jokisch, B. [2007], "Ecuador: Diversity in Migration", *Migration Policy Institute Migration Information Source*, February.
Judson, R. [2012], "Crisis and Calm: Demand for U.S. Currency at Home and Abroad from the Fall of the Berlin Wall to 2011", *Board of Governors of the Federal Reserve System International Finance Discussion Papers*, No.1058, November.
Karmin, C. [2008], *Biography of the Dollar: How the Mighty Buck Conquered the World and Why It's Under Siege*, New York: Crown Business(林康史監訳[2010]『欲望と幻想のドル』日本経済新聞出版社).
Kenen, P. B. [1969], "The Theory of Optimum Currency Areas: An Eclectic View", In Mundell, R. A. and A. K. Swoboda, eds., *Monetary Problems of the International Economy*, Chicago: The University of Chicago Press.
Keynes, J. M. [1930a (1971)], *A Treatise on Money 1 The Pure Theory of Money, The Collected Writings of John Maynard Keynes Vol.V*, London: The Macmillan Press(小泉明・長澤惟恭訳[1979]『貨幣論I 貨幣の純粋理論』(ケインズ全集第5巻)東洋経済新報社).
Keynes, J. M. [1930b (1971)], *A Treatise on Money 2 The Applied Theory of Money, The Collected Writings of John Maynard Keynes Vol.VI*, London: The Macmillan Press(長澤惟恭訳[1980]『貨幣論II 貨幣の応用理論』(ケインズ全集第6巻)東洋経済新報社).
Kindleberger, C. P. [2002], *Manias, Panics and Crashes: A History of Financial Crises 4th edition*, London: Palgrave(吉野俊彦・八木甫訳[2004]『熱狂, 恐慌, 崩壊 金融恐慌の歴史』日本経済新聞出版社).

Klopstock, F. H. [1970], "Money Creation In the Euro-Dollar Market: A Note on Professor Friedman's Views", *Federal Reserve Bank of New York Monthly Review*, January.

Koser, K. [2016], *International Migration: A Very Short Introduction 2nd Edition,* Oxford: Oxford University Press.

Little, J. S. [1975], *EURO-DOLLARS: The Money-Market Gypsies*, New York: Harper & Row(竹内一郎訳[1978]『ユーロ・ダラーの功罪　その起源・現状・将来』東洋経済新報社).

McKinnon, R. I. [1963], "Optimum Currency Areas", *The American Economic Review*, Vol.53, No.4, September.

Mill, J. S. [1848], Principles of Political Economy: with some of their Applications to Social Philosophy, London: J. W. Parker(末永茂喜訳[1959-1963]『経済学原理』全5分冊, 岩波書店).

Minsky, H. P. [1982], *Can "It" Happen Again?: Essays on Instability and Finance*, New York: M.E. Sharpe(岩佐代市訳[1988]『投資と金融　資本主義経済の不安定性』日本経済評論社).

Moreno-Villalaz, J. L. [1999], "Lessons from the Monetary Experience of Panama: A Dollar Economy with Financial Integration", *Cato Journal*, Vol. 18, No. 3, Winter.

Mundell, R. A. [1961], "A Theory of Optimum Currency Areas", *The American Economic Review*, Vol.51, No.4, September.

Nicolo, G., P. Honohan, and A. Ize [2003], "Dollarization of the Banking System: Good or Bad?", *IMF Working Paper*, WP/03/146, July.

Obermayer, B. and F. Obermaier [2016], *Panama Papers: Die Geschichte einer weltweiten Enthüllung*, Cologne: Kiepenheuer & Witsch GmbH(姫田多佳子訳[2016]『パナマ文書』KADOKAWA).

Oxfam International [2002], *Rigged Rules and Double Standards: Trade, Globalisation, and the Fight against Poverty*, Oxford: Oxfam International(渡辺龍也訳[2006]『貧富・公正貿易・NGO　WTOに挑む国際NGOオックスファムの戦略』新評論).

Palan, R., R. Murphy, and C. Chavagneux [2010], *Tax Havens: How Globalization Really Works*, Ithaca: Cornell University Press(青柳伸子訳[2013]『徹底解明　タックスヘイブン　グローバル経済の見えざる中心のメカニズムと実態』作品社).

Pew Hispanic Center [2009a], "Hispanics of Salvadoran Origin in the United States, 2007", *Pew Hispanic Center Fact sheet*, September 16.

Pew Hispanic Center [2009b], "Hispanics of Ecuadorian Origin in the United States, 2007", *Pew Hispanic Center Fact sheet*, October 15.

Powell, B. eds. [2015], *The Economics of Immigration: Market-Based Approaches, Social Science, and Public Policy*, New York: Oxford University Press(籔下史郎・佐藤綾野・鈴木久美・中田勇人訳[2016]『移民の経済学』東洋経済新報社).

Quispe-Agnoli, M. and E. Whisler [2006], "Official Dollarization and the Banking System in Ecuador and El Salvador", *Federal Reserve Bank of Atlanta Economic Review*, Vol. 91, No. 3, Third Quarter.

Reinhart, C. M., and K. S. Rogoff [2009], *THIS TIME IS DIFFERENT: Eight Centuries of Financial Folly*, Princeton: Princeton University Press(村井章子訳[2011]『国家は破綻する　金融危機の800年』日経BP社).

Salvatore, D., J. W. Dean, and T.D. Willett eds. [2003], *The Dollarization Debate*, New York: Oxford University Press.

Sanderson, H. and M. Forsythe [2013], *China's Superbank: Debt, Oil and Influence: How China Development Bank Is Rewriting the Rules of Finance*, Singapore: Bloomberg Press(築地正登訳[2014]『チャイナズ・スーパーバンク　中国を動かす謎の巨大銀行』原書房).

Sassen, S. [1988], *The Mobility of Labor and Capital: A Study in International Investment and Labor

Flow, Cambridge: Cambridge University Press(森田桐郎ほか訳［1992］『労働と資本の国際移動——世界都市と移民労働者』岩波書店).
Schuler, K. [2000], *Basics of Dollarization*, New York: Global Policy Forum, January.
Schuler, K. and R. Stein [2000], "THE MACK DOLLARIZATION PLAN: AN ANALYSIS", *Paper for the Federal Reserve Bank of Dallas conference "Dollarization: A Common Currency for the Americas?"*, March 6.
Schumpeter, J. A. [1926], *Theorie Der Wirtschaftlichen Entwicklung 2*, Berlin: Duncker & Humblot(塩野谷祐一・中山伊知郎・東畑精一訳［1977］『経済発展の理論——企業者利潤・資本・信用・利子および景気の回転に関する一研究(上・下)』岩波書店).
Shaxson, N. [2011], *Treasure Islands: Tax Havens and the Men Who Stole the World*, London: Bodley Head(藤井清美訳［2012］『タックスヘイブンの闇 世界の富は盗まれている！』朝日新聞出版).
Shin, H. S. [2012], "Global Banking Glut and Loan Risk Premium", *Mundell-Fleming Lecture, presented at the 2011 IMF Annual Research Conference, November 10-11, 2011* (Paper published in 2012 January).
Singer, D. A. [2010], "Migrant Remittances and Exchange Rate Regimes in the Developing World", *American Political Science Review*, Vol.104, No.2, May.
Sinn, H-W. and T. Wollmershaeuser [2011], "Target Loans, Current Account Balances and Capital Flows: The ECB's Rescue Facility", *NBER Working Paper*, No.17626, November.
Solimano, A. [2002], "Crisis, Dollarization, and Social Impact: An Overview", In Beckerman, P. and A. Solimano eds., *Crisis and Dollarization in Ecuador: Stability, Growth, and Social Equity*, Washington D.C.: The World Bank.
Steger, M. B. [2009], *Globalization: A Very Short Introduction 2nd edition*, Oxford: Oxford University Press(櫻井公人・櫻井純理・髙嶋正晴訳［2010］『1冊でわかる 新版 グローバリゼーション』岩波書店).
Strange, S. [1998], *Mad Money*, Manchester: Manchester University Press(櫻井公人・櫻井純理・髙嶋正晴訳［2009］『マッド・マネー』岩波書店).
Summers, L. H. [1999], "Prepared Testimony of the Honorable Lawrence H. Summers Deputy Secretary United States Treasury", *Hearing on Official Dollarization in Emerging-Market Countries, Senate Banking, Housing and Urban Affairs Committee, Subcommittee on Economic Policy and Subcommittee on International Trade and Finance*, April 22.
Sun, Y. [2002], "A Political-Economic Model of the Choice of Exchange Rate Regime", *IMF Working Paper*, WP/02/212, December.
Suro, R. [2003], *Remittance Senders and Receivers: Tracking the Transnational Channels*, Washington D.C.: Multilateral Investment Fund/Pew Hispanic Center, November.
The Economist [2002], "El Salvador learns to love the greenback", *The Economist*, September 28.
The World Bank [2002], "PAYMENTS AND SECURITIES CLEARANCE AND SETTLEMENT SYSTEMS IN ECUADOR", *The World Bank Western Hemisphere Payments and Securities Clearance and Settlement Initiative Centre for Latin American Monetary Studies*, December.
The World Bank [2006], *Global Economic Prospects 2006: Economic Implications of Remittances and Migration*, Washington D.C.: The World Bank.
U.S. Secretary of the Treasury [2006], *The Use and Counterfeiting of United States Currency Abroad, Part 3 The final report to the Congress (in consultation with the Advanced Counterfeit Deterrence Steering Committee, pursuant to Section 807 of PL 104-132)*, Washington D.C.: The Department of the Treasury, Board of Governors of the Federal Reserve System, United States Se-

cret Service.
U.S. Senate [1999a], *Hearing on Official Dollarization in Emerging-Market Countries, Senate Banking, Housing and Urban Affairs Committee, Subcommittee on Economic Policy and Subcommittee on International Trade and Finance*, April 22.
U.S. Senate [1999b], *Hearing on Official Dollarization in Emerging-Market Countries, Senate Banking Committee, Subcommittee on Economic Policy and Subcommittee on International Trade and Finance*, July 15.
Waldinger, R. [2007], "Between Here and There: How Attached Are Latino Immigrants To Their Native Country?", *Pew Hispanic Center Report*, October 25.
Weidmann, J. [2012], "What is the origin and meaning of the Target2 balances?", *Deutsche Bundesbank Communications Department*, March 15.
Williamson, J. [2000a], *Exchange Rate Regimes for Emerging Markets: Reviving the Intermediate Option*, Washington D.C.: Institute for International Economics, September (翻訳は小野塚佳光訳 [2005]『国際通貨制度の選択 東アジア通貨圏の可能性』岩波書店の第2章に所収).
Williamson, J. [2000b], "Dollarization Does Not Make Sense Everywhere", *Revised outline of remarks on "To Dollarize or Not to Dollarize: Exchange-Rate Choices for the Western Hemisphere", North-South Institute Ottawa, Canada October 4*, Washington D.C.: Institute for International Economics. (翻訳は前掲の小野塚訳 [2005] の第4章に所収).
Zamaroczy, M. and S. Sa [2002], "Macroeconomic Adjustment in a Highly Dollarized Economy: The Case of Cambodia", *IMF Working Paper*, WP/02/92, May.
Zimbalist, A. and J. Weeks [1991], *Panama at the Crossroads: Economic Development and Political Change in the Twentieth Century*, California: University of California Press.

初出一覧

　本書は，2016年度に立教大学大学院経済学研究科に提出した博士論文「発展途上国の『ドル化』政策の検討——『ドル化』国における通貨制度の実態を中心に」がベースになっている。本書の元になった研究成果をさらにたどると，本書は，筆者がこれまでに公刊した論文・研究ノート・著書（本書では，旧稿と表記）に加筆・修正したものと，今回新たに執筆したものから構成されている。そして，本書では，博士論文や旧稿における議論をアップデートするとともに，本書の構成に沿って適宜分割して複数の章にまたがって使用している。
　なお，本書は筆者の所属組織（あるいは，過去の所属組織）の公式見解を示すものではない。本書の内容と責任は筆者個人に属している。

序章：
　　新たに執筆
第1章：
　　「公式のドル化政策と中央銀行——エクアドルとエルサルバドルの事例を中心に」『立教経済学論叢』第73号，2009年9月。
　　「『ドル化』政策の前提条件——国際収支分析によるエクアドルとエルサルバドルのケース・スタディ」『立教経済学研究』第65巻第4号，2012年3月。
　　「2000年代におけるパナマの国際収支——『ドル化』政策との関連でみた対外経済関係を中心に」『立教経済学研究』第68巻第3号，2015年1月。
第2章：
　　「『ドル化』国における市中銀行機能および預金通貨の基本的性格——決済との関連を通じた考察を中心に」『立教経済学研究』第69巻第5号，2016年3月。
第3章：
　　「公式のドル化政策と中央銀行——エクアドルとエルサルバドルの事例を中心に」『立教経済学論叢』第73号，2009年9月。

「『ドル化』政策をみる視点——エクアドルとエルサルバドルの事例を中心とした考察」『国際金融』第1267号, 2014年12月。

第4章：
「『ドル化』政策の前提条件——国際収支分析によるエクアドルとエルサルバドルのケース・スタディ」『立教経済学研究』第65巻第4号, 2012年3月。
「『ドル化』政策をみる視点——エクアドルとエルサルバドルの事例を中心とした考察」『国際金融』第1267号, 2014年12月。
「2000年代におけるパナマの国際収支——『ドル化』政策との関連でみた対外経済関係を中心に」『立教経済学研究』第68巻第3号, 2015年1月。
「国際収支」奥田宏司・代田純・櫻井公人編『現代国際金融　構図と解明　第3版』法律文化社, 2016年4月。

終章：
新たに執筆

補論：
新たに執筆

あとがき

　本書は，エクアドル，エルサルバドル，パナマにおける「ドル化」政策を，通貨制度の実態という視点で検証してきた。そこでは，通貨を論点にする際には，決済を軸にする必要性，実態的な側面に注目する必要性が浮きぼりになった。

　本書をもって，筆者自身の「ドル化」政策の研究は一区切りとなる。しかしながら，本書には，今後の研究につながる積み残し課題や新たに導き出される論点が多く存在する。筆者の今後の研究の「次回予告」もかねて，2つに整理しておこう。

　第1に，オフショア金融センターの研究である。オフショア金融センターは，注目を集めやすい租税回避やマネーロンダリングの拠点としてだけでなく，国際マネーフローの経由地，多国籍企業の登記上の拠点として，（実は）世界経済の中心であり，租税収入や企業誘致，マネーとどう向き合うかという形で経済政策論および開発経済論においても重要な分野である。本書執筆のタイミングで，本書が取り上げたパナマを舞台とする「パナマ文書」や，バミューダ諸島の問題を取り上げた「パラダイス文書」が大きな注目を集めた。

　本書の第4章第5節は，国際収支分析を通じて，パナマをめぐる米ドル流出入の検討を直接的な目的としたが，オフショア金融センターとしてのパナマについて，決済や国際通貨を念頭におき，そして，総合的に，対外経済関係を分析することも意識した。こうした「ドル化」政策研究の応用から，オフショア金融センター研究への着眼が生まれ，分析視角が設定されることになる。

　第2に，欧州共通通貨ユーロをめぐる論点である。ユーロ導入国を取り上げる際には，分析視角は様々であるが，ドイツを代表とする大国，危機に陥った南欧といった対比がなされるケースが多い。しかし，ユーロを導入している国のなかには小国もあり，コソボやモンテネグロといった「一方的なユーロ化」

政策を導入している国も存在する。そのため,「正式なユーロの導入」と「一方的なユーロ化」という2つの選択肢がなぜ存在するのか,発展途上国にとってユーロの導入はいかなる意味を持っているのかが論点になりえる。この論点には,補論において設定した中央銀行制度と決済制度を軸とする視点から迫ることができる。

こうした諸論点は,今後の研究において解明していくことになる。

本書は,多くの方々のご協力によって完成した。ここで記したご所属は,2018年3月現在のご所属,また,(定年などで)ご退職された先生については現役時のご所属としている。

櫻井公人先生(立教大学経済学部)には,学部生時代にゼミの担当教員として,大学院生時代に指導教授として,そして,筆者が就職してからも,長年にわたりご指導をいただき,お世話になってきた。

奥田宏司先生(立命館大学国際関係学部)には,通貨を考える際に決済を軸にする重要性をご教示いただき,研究者としての基礎力を身に着けるご指導をいただいた。

大学,学会,研究会では,多くの先生方に出会い,お世話になってきた。とくに,小西一雄先生(立教大学経済学部),田中綾一先生(駒澤大学経済学部),飯島寛之先生(立教大学経済学部),近廣昌志先生(愛媛大学法文学部),木村秀史先生(島根県立大学総合政策学部),山川俊和先生(下関市立大学経済学部),板木雅彦先生(立命館大学国際関係学部),松村文武先生(大東文化大学経済学部),山縣宏之先生(立教大学経済学部),木下直俊先生(国際金融情報センター),松井謙一郎先生(拓殖大学政経学部),桑原小百合先生(国際金融情報センター),大友敏明先生(立教大学経済学部),藤原新先生(立教大学経済学部),櫻本健先生(立教大学経済学部)より多くのご教示をいただいた。

ご教示いただいた内容は,決済,通貨供給論,国際収支論,世界経済論といった分析する際の基本的な視角,研究のテーマ性やインプリケーション,「ドル化」政策を導入した中南米の現地や米ドル発行国である米国経済の具体的な動向,経済学の観点に基づいた理論的な裏付けとなる古典の輪読,研究や仕事の

進め方といった形で,多岐にわたっている。

　「ドル化」政策を導入した国の現地における日本大使館や通貨当局者からは,照会を行った際に貴重なご回答をいただいた。

　石田周君（立教大学大学院経済学研究科博士後期課程）には,本書のベースとなった博士論文を作成している時より,校正の基礎作業でお手伝いいただいた。

　研究報告や研究交流の場として,日本国際経済学会,日本金融学会,京都大学経済研究所主催のKyoto International Conference,東京新世界経済研究会,グローバル政治経済学研究会,現代国際金融研究会,国際経済政策研究会,東京クライスの金融経済研究会,アメリカ経済研究会,持続可能性と資源貿易研究会では,筆者が学部生であった時期も含めて有意義な機会をいただいてきた。執筆の大詰めを迎える段階では,報告する場を急遽セッティングしていただいたこともあった。

　以上のように,本書は,中南米の「ドル化」政策を中心に,通貨論,世界経済論,地域研究の研究領域,そして,現実,理論,データ分析のアプローチが合流して作成されることになった。ご指導・ご協力いただいたことに深く感謝申し上げる次第である。なお,本書に存在しうる誤りは全て筆者に責任がある。

　研究書の出版事情が厳しくなるなかで出版をお引き受けいただいた文眞堂,とくに,編集者である前野弘太様に深く感謝申し上げる。

　最後になるが,筆者が生まれた時から育ててくれ,学部卒業後の進路に迷っていた時期に大学院進学を後押しし,研究者としての道を歩ませてくれた両親に感謝したい。

星野智樹

本書を理解する助けになる用語一覧

＊本書を読み進めていくなかで，「ドル化」政策に関するキーワードが徐々に明らかになっていく。その一方で，本書では，一般的に使われている用語を含めて，説明を要する用語を，章をまたがって随所で取り上げている。目次だけでは説明を行っている箇所を追跡しにくい用語もある。そのため，こうした用語について，まとまった説明をしている箇所や初出箇所を示す。

［あ行］
『IMF国際収支マニュアル　第5版』(『第5版』)　93
『IMF国際収支マニュアル　第6版』(『第6版』)　93
「エクアドル中央銀行証券（中央銀行証券）」　78-80

［か行］
現金準備　35
「現金の漏れ」　42
「国際金融のトリレンマ」論　7
コロン　3

［さ行］
「最適通貨圏」論　7
「自国通貨保持国」　1
スクレ　2
センターボ　3

［た行］
「中間的な為替制度」論　7
電子マネー　76-78
「ドル化国の国内金利」　53-57
「ドル化国の国内通貨」　52

［な行］
「二極の解」論　7

［は行］
バルボア　2

［や行］
「預金設定による貸出」　34

著者紹介

星野　智樹（ほしの・ともき）

内閣府経済社会総合研究所国民経済計算部研究専門職。博士（経済学）。専門は国際金融論，金融論，世界経済論。

略歴

1986年生まれ。立教大学大学院経済学研究科博士後期課程，立教大学経済学部助教，立教大学経済研究所研究員を経て，2016年より現職。2017年3月に博士学位（経済学，立教大学）を取得。

主要研究業績

「『ドル化』政策をみる視点──エクアドルとエルサルバドルの事例を中心とした考察」『国際金融』第1267号, 2014年12月。

『現代国際金融　構図と解明　第3版』法律文化社, 2016年4月（共著）。

「第二次世界大戦後の米国統治下における沖縄の通貨制度──1958年～1972年の『ドル通貨制』を中心に」『立教経済学論叢』第82号, 2016年3月。

「『グローバル・インバランス』論の総括」『立教大学経済研究所年報2017』2017年7月。
など。

＊本書や研究業績は筆者の所属組織（あるいは，過去の所属組織）の公式見解を示すものではない。それらの内容と責任は全て筆者個人に属している。

「ドル化」政策の検証

2018年4月15日　第1版第1刷発行　　　　　　検印省略

著　者　星　野　智　樹
発行者　前　野　　　隆
発行所　株式会社　文眞堂
　　　　東京都新宿区早稲田鶴巻町533
　　　　電　話　03（3202）8480
　　　　FAX　03（3203）2638
　　　　http://www.bunshin-do.co.jp/
　　　　〒162-0041　振替00120-2-96437

印刷・モリモト印刷／製本・イマヰ製本所
ⓒ 2018
定価はカバー裏に表示してあります
ISBN978-4-8309-4981-4　C3033